AF226959

CRÉATION DE POSTES

SUR LA

ROUTE DU SOUDAN

PAR

le Général **PHILEBERT**

PARIS

LIBRAIRIE MILITAIRE DE L. BAUDOIN ET Ce

IMPRIMEURS-ÉDITEURS

30, Rue et Passage Dauphine, 30

—

1890

CRÉATION DE POSTES

SUR LA

ROUTE DU SOUDAN

PARIS. — IMPRIMERIE L. BAUDOIN ET C⁰, RUE CHRISTINE, 2.

CRÉATION DE POSTES

SUR LA

ROUTE DU SOUDAN

PAR

le Général PHILEBERT

PARIS

LIBRAIRIE MILITAIRE DE L. BAUDOIN ET Ce

IMPRIMEURS-ÉDITEURS

30, Rue et Passage Dauphine, 30

—

1890

CRÉATION DE POSTES

SUR LA ROUTE DU SOUDAN.

INTRODUCTION.

Depuis la publication, en 1889, de notre livre sur *la Conquête pacifique de l'intérieur africain*, les idées de marche en avant à travers le Sahara ont fait des progrès dans l'opinion. Les vœux, récemment exprimés par le Congrès national général de Paris, en sont une preuve indiscutable.

Le 24 décembre 1889, les 2ᵉ et 4ᵉ sections du Congrès (Algérie et côte d'Afrique) réunies dans une séance commune pour traiter la question du Transsaharien, ont adopté les résolutions suivantes :

1º Que le réseau des chemins de fer stratégiques du Sahara algérien soit achevé dans le plus court délai possible (vœu émis à l'unanimité) ;

2º Que, en particulier, la voie ferrée de Batna—Biskra soit prolongée immédiatement jusqu'à Tuggurth et Ouargla (unanimité) ;

3º Que des postes soient immédiatement créés à Temassinine et à Amguid (unanimité) ;

4º Que la pénétration vers le Soudan central soit poursuivie : d'une part, du Sénégal et du Niger vers Sokoto, d'autre part, du Congo français vers le lac Tchad (unanimité) ;

5º Que l'exécution du chemin de fer Transsaharien, considéré en principe comme indispensable, soit réservée pour le jour où notre établissement dans le Soudan sera assuré (unanimité moins une voix).

C'est un fait important que cette manifestation unanime des membres du Congrès, et nous sommes en droit d'en conclure qu'avant longtemps cette opinion, aussi énergiquement manifestée, aura poussé les pouvoirs publics à l'action. Le temps nous paraît donc venu de publier la deuxième partie de notre travail, c'est-à-dire l'étude détaillée des difficultés que présente la mise à exécution des vœux qui précèdent, ainsi que des moyens à employer pour vaincre ces difficultés. Il s'agit, en un mot, d'étudier l'organisation des expéditions nécessaires, leur direction, et d'évaluer enfin les sommes à dépenser pour mener ces entreprises à bonne fin.

Sans doute, dans cette étude, il y a un nombre considérable d'inconnues qui ne nous permettront pas d'établir un calcul absolument exact ; mais quelque imparfait qu'il doive forcément rester, ce travail sera, nous l'espérons pourtant, un jalon utile qui permettra de marcher vers une solution approximative de la question et d'arriver à mieux connaître le but proposé et les moyens à employer pour l'atteindre. Nous ne poursuivons, en fait, qu'une idée fort simple : être utile à notre pays ; nous espérons que le public nous en tiendra compte et accueillera cette seconde partie de notre travail aussi favorablement que sa sœur aînée.

CHAPITRE PREMIER

Le premier objectif à atteindre, d'après les vœux émis par le Congrès général, est Temassinine, le second est Amguid.

Ce double objectif peut être atteint en une seule année ; on diminuerait peut-être, en agissant ainsi, le chiffre des dépenses, mais on augmenterait de beaucoup, sans aucun doute, les difficultés et les chances d'insuccès en se donnant pour mission de triompher d'emblée et en bloc des résistances à prévoir chez les Asdgers et chez les Hoggars. Il nous paraît préférable, pour la première année, de s'arrêter à Temassinine, de s'y donner un an pour traiter avec les Asdgers et s'entendre avec eux ; d'y préparer, peu à peu, à l'aide de renseignements de toute sorte sur le pays, les moyens matériels d'exécuter, pendant la seconde année, avec beaucoup moins d'imprévu et de difficultés, la deuxième partie de l'entreprise, de beaucoup la plus difficile. Il s'agit, en réalité, de pousser notre poste le plus avancé à 500 kilomètres en avant d'Ouargla, et si nous parvenons à établir à Temassinine une garnison assez solidement installée pour y braver toute attaque et assez confortablement organisée pour que l'été, si rude dans ces contrées, ne soumette pas la santé des hommes à une épreuve trop pénible, si nous parvenons à relier le poste de Temassinine à Ouargla par une ligne de puits assez rapprochés les uns des autres pour permettre une circulation facile, et l'établissement de distance en distance de postes suffisants pour assurer la correspondance et la sécurité de la route, il est certain que nos huit mois d'hiver auront été bien employés ; surtout si, à ce travail d'installation, nous ajoutons le transport de tout le matériel nécessaire à l'expédition que nous projetons de pousser l'année suivante sur Amguid.

Pour les débuts de la première expédition, de celle qui doit aller s'établir à Temassinine, nous nous plaçons à Ouargla dans l'hypothèse que la tête de ligne du chemin de fer est arrivée jusqu'à ce point sur lequel tout le matériel à transporter, ainsi que tout le personnel de l'expédition, ont été concentrés.

L'expérience des diverses expéditions entreprises dans le sud de l'Algérie démontre qu'il est impossible d'y conduire de gros effectifs et aussi que cela n'est pas nécessaire, pas plus pour se faire respecter que pour donner aux indigènes hostiles une leçon que la supériorité de notre armement rend facile, toutes les fois que les circonstances du combat ne sont pas accompagnées de surprises... La deuxième mission Flatters comprenait un total de 100 fusils seulement, et elle a prouvé, par les faits mêmes, qu'avec cet effectif elle aurait pu forcer le passage sur sa route s'il l'eût fallu. Une troupe égale en nombre, installée fortement sur un point d'eau et convenablement approvisionnée en vivres, devra, à plus forte raison, être considérée comme n'ayant rien à redouter. La seule cause de la fin épouvantable de la mission Flatters est la faiblesse de direction et de commandement qui a permis aux Hoggars d'enlever, aux malheureux qui la composaient, tous leurs moyens de transport, et les a laissés, par suite, sans vivres à une distance de plusieurs mois de marche de tout secours. Et cependant les Hoggars, malgré leur nombre, n'ont pas pu venir à bout par la force, du reste, de ces infortunés ; la faim seule les a détruits.

Nous pensons donc qu'une garnison d'un effectif de cent hommes, bien installée à Temassinine, est en état de braver tous les Touaregs de la terre et de se faire respecter par eux. Nous avons, de plus, la plus entière conviction que cette garnison n'aura pas de lutte à soutenir et, qu'au contraire, elle sera au bout de peu de temps en relations amicales avec une partie des Asdgers. Sans doute, elle sera là en présence de gens qui n'ont point les mêmes scrupules de conscience que les nations civilisées, et qui considèrent comme une proie tout ce qui paraît dans le Sahara ; mais avec les précautions nécessaires, dont la première devra être de ne jamais laisser aucun indigène pénétrer dans le poste, et en agissant avec justice et générosité dans toutes les relations avec les tribus, on se fera bien vite une clientèle.

Cent fusils sont donc plus que suffisants pour la garde du poste de Temassinine ; il nous faut y ajouter aussi de quoi maintenir la liberté de mouvement autour du fort et fournir les postes de correspondance à quelque distance du côté d'Ouargla. La surveillance du reste de la route appartiendra naturellement à cette dernière garnison.

Il nous faut aussi des bras pour les travaux nombreux que nous aurons à accomplir, et des cavaliers pour conduire et surveiller nos chameaux aux pâturages, ce qui, d'après ce que nous avons déjà dit, apparaîtra à tout le monde comme le côté difficile de notre expédition et, par suite, exigera de minutieuses et habiles précautions sur l'examen desquelles nous nous arrêterons plus loin.

Cette raison seule suffirait pour exiger la présence d'un peloton de cavaliers ; de plus, les chevaux sont fort rares chez les Touaregs, et il est de notoriété publique, dans le Sud, que les chevaux produisent sur les Méharis une impression de terreur qui rend ces derniers animaux difficilement maniables et annihile l'offensive de celui qui les monte, — c'est clairement prouver qu'il suffit de quelques cavaliers pour faire fuir toute une bande de Touaregs. L'occasion se présentant de leur démontrer ainsi la possibilité d'envoyer notre cavalerie aussi loin, il est important de ne pas la négliger.

Nous prouverons par là aux Touaregs que leur éloignement qui, jusqu'à présent, a fait leur seule force, n'est pas un obstacle pour nous ; que leur pays n'est pas inaccessible à nos armes et que nous pouvons aller chez eux avec tous nos moyens.

La présence des chevaux augmente, il est vrai, dans une proportion sensible, les charges du convoi en orge et en eau ; mais cette dernière considération doit céder devant toutes les raisons précédentes, surtout celle de la garde des chameaux, qu'on ne pourrait assurer que d'une façon insuffisante avec des hommes à pied.

D'après les données que nous venons d'énumérer, nous composerions, ainsi qu'il suit, la colonne expéditionnaire dirigée sur Temassinine pour s'y établir en garnison :

Éléments de la colonne.	Officiers.	S.-officiers.	Troupe.	Chevaux.
Commandant en chef.	1	»	»	2
— en second qui commandera le poste. . . .	1	»	»	1
Interprètes	2	»	»	2
Infanterie.	3	7	95	3
Cavalerie	1	2	20	23
Service de santé	2	2	6	2
Subsistances.	»	1	6	»
Artillerie (2 pièces de 0,80 mill. de montagne)	»	1	8	»
Génie.	1	1	6	1
Convoi (train des équipages) .	1	2	5	»
Convoyeurs. . . . :	»	»	35	»
Guides	»	»	4	»
Total.	12	16	185	34

Ce total des rationnaires est celui qu'il faudra entretenir à Temassinine avec le nombre de chameaux nécessaires à la garnison pour qu'elle puisse se mouvoir autour du poste, ainsi que le nombre de chameliers nécessaires pour les charger et les soigner, afin de pouvoir entretenir des relations avec les postes laissés sur la route d'Ouargla, postes chargés de forer des puits artésiens ou d'assurer la correspondance. Or, pour atteindre à moitié chemin d'Ouargla, il faut compter 10 jours et autant pour le retour. C'est donc au maximum, en tenant compte aussi largement que possible des accidents imprévus, 25 à 30 jours de vivres qui sont nécessaires à la troupe chargée de ce service et qu'il faut avoir à Temassinine, soit environ pour 95 hommes, sans compter les convoyeurs, fournissant 3 postes à 30 hommes.

Avec 35 convoyeurs et 210 chameaux, nous aurons une force très suffisante et une bonne proportion, chaque convoyeur ayant 6 chameaux à charger et à conduire; c'est un de plus que la proportion habituelle; mais, pendant la première partie du voyage, les charges resteront toutes faites et les cavaliers du peloton pourront aider les convoyeurs. Il faudra donner des soins minutieux à ces chameaux afin d'éviter une mortalité, qui aurait pour la garnison les conséquences les plus graves.

Notre expédition comportera donc, en tout, un effectif de 215 hommes, de 34 chevaux et de 210 chameaux.

Nous allons maintenant essayer de décompter :

1º La composition de la colonne expéditionnaire en Européens et indigènes, en troupe et en ouvriers d'art, soldats eux aussi, bien entendu;

2º Les moyens d'assurer la subsistance, la santé et la sécurité d'un effectif moyen de 200 hommes pendant le cours d'une année, ainsi que les travaux nécessaires pour s'installer;

3º Les moyens de transport indispensables pour porter cette colonie et ses approvisionnements à Temassinine;

4º Les postes de correspondance à établir et à organiser entre Temassinine et Ouargla;

5º Les dépenses à prévoir, autant qu'il est possible de les calculer d'avance.

Puis, dans un deuxième chapitre, nous examinerons les précautions à prendre pendant la marche, pour éviter toute surprise et tout accident, ainsi que pour éviter la mortalité des chameaux.

Enfin, nous étudierons la politique à suivre vis-à-vis des tribus au milieu desquelles vivra la colonie, c'est-à-dire des Chambâs, des Ifoghas et des Touaregs.

1º *Composition de la colonne expéditionnaire.*

Il n'est pas nécessaire que la colonne soit exclusivement composée de Français ou d'Européens; il est, au contraire, utile qu'elle comprenne en partie des gens du sud de l'Algérie, qui seuls connaissent les soins à donner aux chameaux et savent les conduire. Ces hommes-là sont aussi plus accoutumés au Sahara, plus aptes à s'y reconnaître et à y vivre. Les 35 chameliers, tout d'abord, seront donc à recruter chez les Larbâs, les O^d Naïl, etc.

Parmi les ouvriers d'art, il nous faut quelques maçons, des charpentiers, des menuisiers, des ouvriers en fer; ce seront des soldats du génie, de l'artillerie, des ouvriers d'administration.

Il nous faut aussi des laboureurs et des jardiniers, car aussitôt arrivés à Temassinine, pour diminuer les transports, pour aider à la subsistance et surtout pour éviter le scorbut, que développerait assurément l'usage exclusif des conserves et du biscuit, il faudra semer de l'orge, des légumes, organiser une culture potagère.

Des jardiniers indigènes seront, en outre, nécessaires pour créer à Temassinine, dont les eaux sont abondantes, des plantations de palmiers, de figuiers, de grenadiers, etc.; on les tirera d'Ouargla.

Enfin, une équipe de puisatiers, afin de creuser de nouveaux puits à Temassinine et d'augmenter le volume des eaux, dans le but de développer la colonie et de pouvoir, plus tard, lorsqu'elle présentera une agglomération susceptible de se défendre elle-même, diminuer sensiblement la garnison dont l'entretien sera toujours coûteux.

Dans cet ordre d'idées, si l'on veut réussir complètement et promptement, le mieux serait d'accepter l'aide et le concours des missionnaires d'Afrique, de son Eminence le cardinal Lavigerie. Il n'est pas douteux que quelques Pères blancs, amenés à Temassinine et installés sous la protection du fort et de la garnison, rendraient, de prime abord, à cette garnison, de précieux services; de plus, à l'aide des ressources que le Comité anti-esclavagiste ne manquerait pas de leur donner en argent, en marchandises de tout genre, ils formeraient un noyau autour duquel se constituerait beaucoup plus vite une colonie, telle que nous la désirons.

Il suffirait probablement, pendant un an ou deux, d'aider ces missionnaires dans leur installation, pour voir accourir autour du fort des Beni-Mzab, des gens de Ouargla, des Chambâs et surtout des Ifoghas.

Enfin, il faut aussi comprendre dans le nombre des soldats de notre petite garnison, un certain nombre de Kabyles, non pas qu'ils soient plus aptes que les autres à supporter le climat de Temassinine, mais parce qu'ils nous apportent un avantage précieux : ils parlent la même langue que les Touaregs. Dès les premiers jours de leur arrivée, ces Kabyles ne seront peut-être pas en état de s'entretenir couramment avec les Touaregs; ces peuplades, de même origine, séparées depuis de si longues années, ont évidemment aujourd'hui, dans leur langage, des différences sensibles, mais la fréquentation les mettra certainement, en très peu de temps, à même de s'entendre. Ces Kabyles seront de précieux auxiliaires pour nos relations, et de très bons agents d'informations et de renseignements, lorsque, au bout de quelques temps, les Touaregs s'apercevront que ces étrangers, venus avec nous, sont de la même race qu'eux et parlent la même langue qu'eux.

Nous pouvons nous assurer ainsi, sans aucun doute, un moyen de rapprochement qu'il serait mal habile de négliger.

D'ailleurs, les Kabyles sont solides, bons soldats, fidèles, dévoués, plus droits et plus loyaux que les Arabes, avec lesquels ils sont toujours en état d'hostilité. Ils feront même contrepoids à l'élément arabe, que nous sommes obligés d'employer dans le choix des chameliers et des guides.

D'après les nécessités que nous venons de démontrer, la troupe de la colonne comprendrait :

Puisatiers	8	
Maçons	12	
Mécanicien	1	
Charpentiers-charrons	4	dont 1 maître.
Menuisiers	2	
Selliers et bourreliers	2	
Laboureurs	6	
Tailleurs et cordonniers	2	
Jardiniers	6	
Ouvriers en fer et maréchaux	6	
Briquetiers et tuiliers	4	
Soit	53 ouvriers d'art français,	

bien choisis et parfaitement capables de coopérer au travail de colonisation.

Il nous faut, d'autre part, 4 jardiniers indigènes connaissant la culture du palmier,

35 convoyeurs indigènes,

16 spahis indigènes,

et une section de 30 soldats indigènes kabyles.
______

Soit au total 85 indigènes.

Retranchons ce nombre de 185, total de l'effectif de la troupe, et nous avons, en balance des 85 soldats indigènes, un effectif de 100 soldats français, renforcés des cadres inférieurs composés de 16 sous-officiers et de 12 officiers.

C'est suffisant ; d'autant plus qu'Arabes du convoi et Kabyles d'infanterie seront bien rarement réunis, et si l'on constitue la section d'escorte de 40 soldats, kabyles en grande partie, cette petite troupe, sans aucun doute, fera contrepoids aux Arabes convoyeurs et aux spahis et garantira la partie française de toute tentative de révolte ou d'indiscipline. Tous ces hommes, d'ailleurs, devront être choisis parmi des volontaires vigoureux, résistant à la fatigue et à la marche. Ils formeront une compagnie mixte administrée et commandée par un capitaine, qui devra, comme le commandant en second et le commandant en chef, avoir des notions de la langue arabe et l'habitude de la vie indigène.

2° Des moyens d'assurer la subsistance, la santé et la sécurité de la colonne et de la garnison.

a). *Subsistance.* — Nous devons admettre qu'il n'est pas possible de se mouvoir dans les solitudes du Sud, pendant les mois de juin, juillet, août et septembre ; par conséquent, pendant ces quatre mois, la colonne installée à Temassinine doit être abandonnée à elle-même et vivre de ses seules ressources. Pendant les autres mois, il est relativement facile (et les difficultés iront naturellement en diminuant à chaque voyage) de lui porter des vivres et des ressources. Il en résulte que si l'expédition partait au mois d'octobre nous aurions devant nous les mois de novembre, décembre, janvier, février, mars, avril pour compléter les approvisionnements. Le mois de mai serait nécessaire pour ramener au point de départ les derniers convois.

Il est absolument indispensable que le fort de Temassinine soit approvisionné pour 13 mois au moins; mais, comme nous venons de le dire, nous avons 6 mois, à partir du départ de la première colonne, pour parfaire les transports nécessaires. Il résulte, d'ailleurs, de la force des choses, que cet approvisionnement doit être amené par des convois successifs, car une troupe d'animaux aussi considérable qu'il la faudrait pour un convoi unique, ne traverserait pas ces pays où l'eau est rare, même sur les points où l'on en trouve le plus, et où les pâturages ne suffiraient pas non plus, à moins de disperser considérablement le convoi.

Nous établirons nos calculs sur cette base que la première colonne partirait avec deux mois de vivres et que chacun des autres convois, de novembre, décembre, janvier, février, mars et avril, emporterait aussi deux mois de vivres, ce qui constituerait les quatorze mois nécessaires pour attendre ensuite le convoi du mois d'octobre de l'année suivante.

Or, pour alimenter la colonne pendant deux mois, il faut :

En vivres :

210 hom. à 2 kil. par jour, pour 60 jours, $420 \times 60 = 25,200$ kil.

En orge :

34 chevaux à 5 kil. par jour. . . . . . . $170 \times 60 = 10,200$
$$35,400 \text{ kil.}$$

En eau :

210 hom. à 5 lit. par jour, pour 10 jours[1] $1,050 \times 10 = 10,500$ lit.
34 chevaux à 15 lit. par jour. . . . . . $510 \times 10 = 5,100$
$$15,600 \text{ lit.}$$

La quantité de 2 kilogrammes de vivres par homme est un peu forcée; en réalité, l'homme ne touche pas en campagne plus de 1 kil. 500 gr., mais il vaut mieux compter largement. Les hommes auront, en effet, besoin d'une nourriture très fortifiante, et, de plus, il faut ajouter au poids net des vivres, un poids mort consi-

---

[1] La suite de cette étude expliquera comment il est suffisant d'approvisionner la colonne à 10 jours d'eau seulement.

dérable tel que bois des caisses à biscuit, boîtes de conserves, barils pour porter l'eau et le vin. Naturellement, il faut admettre que les distributions de viande fraîche seront fort rares et penser à les remplacer par des conserves alimentaires.

A notre avis, la composition des rations devrait être la suivante :

Du biscuit pour la moitié du temps, soit 30 jours sur 60. Il est indispensable d'en être muni toutes les fois qu'on est en route et qu'on ne peut bâtir de fours. En station, il est préférable, si l'on veut entretenir les hommes en bonne santé, de leur donner du pain. Par conséquent, le reste de l'approvisionnement doit consister en farines. L'administration dispose aujourd'hui de fours très légers, faciles à charger sur des chameaux. La difficulté sera de se procurer le combustible dans un pays où il est extrêmement rare; peut-être pourrait-on se servir d'un appareil propre à utiliser la chaleur solaire pour la cuisson des aliments, et encore un tel appareil ne pourrait-il être guère employé pour la fabrication du pain.

Les appareils solaires de M. Mouchot, composés essentiellement d'un réflecteur et d'une chaudière, permettent, dans tous les cas, d'obtenir rapidement l'ébullition de l'eau; ils pourraient rendre de grands services si leur mécanisme n'était pas très délicat et n'exigeait pas de grandes précautions de transport[1] ; ils ils sont de plus assez coûteux : un appareil Mouchot coûte de 2,500 à 5,000 francs.

Mais à défaut de combustible, un appareil solaire serait précieux à posséder en expédition pour la cuisson des diverses conserves et la préparation des boissons stimulantes, café, thé, etc.

Les conserves qui nous semblent les meilleures sont indiquées dans le tableau suivant :

---

[1] Consulter : *Mémoire sur les appareils solaires et les services qu'ils peuvent rendre dans les travaux et l'exploitation des chemins de fer du Transsaharien*, par M. Abel PIFRE, ingénieur civil. — Imprimerie Marchandier et Cᵉ; Paris, 1880.

CONSERVES OU DENRÉES. — NOM DU FABRICANT.	PRIX DU KILOG.	RATION.		OBSERVATIONS.	DURÉE DE CONSERVATION garantie par le fournisseur.
		POIDS.	PRIX.		
	fr. c.		fr. c.		
Conserves de bœuf mode. M. Prevet. Boîtes à chauffoir.	2 45	333 gr.	0 747	600 gr. viande en boîte en fer-blanc, dégraissée, désossée, cuite. 300 gr. légumes, carottes, oignons, petits pois. 100 gr. jus. Ces boîtes sont munies d'un chauffoir qui permet de faire un repas chaud sans bois. Ressource précieuse dans un pays où le bois est extrêmement rare.	2 ans.
Conserves de bœuf bouilli.	4 28	200 gr.	0 25	Viande désossée, cuite pour être mangée froide. Celles provenant des colonies françaises coûtent seulement 4 fr. 25.	2 ans.
Juliennes de troupe.	2 40	25 gr.	0 05	Choux, carottes, pommes de terre, navets, oignons, poireaux. La cuisson doit durer une demi-heure pour la préparation de la soupe. L'inconvénient est le bois qu'elles nécessitent. Mais il est absolument indispensable à la santé d'avoir quelques légumes.	2 ans.
Café, sucre en tablettes. Noirot.	3 75	1 tablette 24 gr.	0 09	Extrait de café et sucre. Peut être pris froid. Ressource des plus précieuses.	2 ans.
Lard en baril.					

Au lieu de biscuit ordinaire, il y a avantage à emporter le demi-biscuit Poirée, qui est moins dur et plus facile à manger que le biscuit ordinaire.

Pour le service des fours, il est aussi préférable d'emporter des farines blutées à 25 ou 30 p. 100 destinées aux approvisionnements de siège. Elles sont moins hygrométriques et d'une conservation plus assurée que les farines habituellement employées par l'administration et qui ne sont blutées qu'à 20 p. 100.

Pour utiliser les ressources locales, l'administration de la colonne devra acheter, soit à Ouargla, soit sur place, autant que possible, des dattes, et en comprendre journellement une certaine quantité dans la ration à la place du biscuit. C'est une excellente nourriture, très saine, très nourrissante, à laquelle la troupe s'habitue très facilement.

Si nous ajoutons à ces rations du thé à distribuer toutes les fois qu'il sera possible de faire bouillir de l'eau, — du vin, à raison d'une distribution, un jour sur quatre, et de l'eau-de-vie pour tous les jours, nous aurons tout ce qui est nécessaire à l'alimentation de l'homme. Ajoutons encore du tabac pour lui procurer quelques distractions.

Il faudra emporter aussi des semences et des graines de toutes sortes de légumes, des pommes de terre, afin de créer dès l'arrivée un jardin qui procurera à la troupe des légumes frais, et de combattre ainsi l'influence fâcheuse pour la santé des hommes d'un trop long usage des conserves et du biscuit.

En résumé, nous avons à transporter en poids destiné à l'alimentation :

Vivres }	
Eau }	51,000 kil.
Orge }	
Four Lespinasse	643
Appareil d'utilisation des rayons solaires	150
	51,793 kil.

Tous les colis devront être étiquetés et numérotés, par précaution contre les vols dont les convoyeurs sont très capables; pour le même motif, il devra être absolument interdit de découdre les sacs, autres que ceux dont on aura besoin pour les distributions journalières... Quant au bois, on exigera des chameliers qu'ils prennent, sur chaque chameau, deux bûches en surcharge au départ d'Ouargla, et, pour encourager le chamelier à les conserver pendant la route, ces bûches lui seront payées d'après un tarif convenu à son arrivée à Temassinine; une retenue d'une somme égale serait faite sur ses droits acquis, s'il perdait le bois

en route. Ce bois devra être emmagasiné et gardé avec un soin extrême à Temassininе.

. b) *Moyens d'assurer la santé et la sécurité*. — Il est indispensable d'assurer un certain confort au personnel d'une expédition pareille, personnel appelé à vivre dans un pays où il n'existe aucune ressource, et à une distance de 400 à 500 kilomètres du dernier poste français ; confort relatif, bien entendu, et qui permette de résister à la fois au climat, à l'isolement et aux intempéries. La petite tente, bonne pour voyager, est tout à fait insuffisante pour abriter complètement les hommes et, de plus, pendant les grandes chaleurs et lorsqu'on est à poste fixe, elle devient malsaine et propage la fièvre typhoïde et autres maladies. C'est une expérience que nous avons faite à nos dépens dans le sud de la Tunisie. La santé de la troupe a parfaitement résisté tant que nous n'avons cessé de marcher et de changer de camp ; elle a laissé à désirer dès que l'intensité de la chaleur a rendu le mouvement impossible et qu'il a fallu se fixer aux abords des oasis.

On est conduit à penser, par suite, que la véritable solution pratique consiste à emporter des baraques toutes faites, démontées et numérotées pièce par pièce, et qu'il serait très facile de remonter sur place.

Ce qui est difficile, c'est de décomposer ces baraques en parties assez petites, pour ne pas dépasser le poids que peut porter un chameau, car tout ce que nous savons de la route au sud d'Ouargla, nous porte à croire qu'il serait extrêmement difficile d'y faire passer des arabas[1] ; toutefois, dans la première partie de la marche en avant des colonnes en Tunisie, ce genre de voitures s'est trouvé remarquablement apte à passer dans des terrains très accidentés.

Il est vrai que l'emploi des arabas augmenterait notablement l'effectif des chevaux de l'expédition et en accroîtrait par suite les embarras et les dépenses dans une très forte proportion.

Il faudra donc, au moins pendant la première période, et jusqu'à ce que la route soit mieux connue, se contenter de grandes tentes bien organisées et bien montées ; puis, comme on le fait

---

[1] Arabas, charrettes très légères employées en Tunisie.

partout, bâtir dès abris, des hangars, des maisons. Il y a encore là des difficultés à. vaincre, car il est probable qu'à Temassinine la pierre manque, puisque ce point est situé sur le bord de grandes dunes, et, de plus, il est absolument certain que tout bois de charpente fait défaut à très grande distance dans le Sud ; il faut chercher, par suite, un autre moyen de faire les toitures.

La solution de ce problème nous a déjà donné de grandes difficultés lors de l'installation des troupes à Gafsa et nous a conduit à essayer des maçonneries voûtées qui ont coûté beaucoup de travail et ont montré peu de solidité.

Peut-être, dans la région de Temassinine, où il ne pleut presque jamais, sera-t-il possible de remplacer les pierres par ces briques en terre, cuites au soleil, que les indigènes emploient dans les oasis du Sud pour bâtir leurs murs et qu'ils appellent « taub ».

Les murs pourraient être alors très vite construits par les soldats eux-mêmes, qu'il faudra, d'ailleurs, constamment occuper à des travaux d'installation, si l'on ne veut pas les voir tomber en proie à l'ennui et au spleen, au grand détriment de leur santé. Pour résister aux attaques des indigènes et aux moyens de destruction dont ils disposent, ces murs en terre sont, du reste, plus que suffisants. Il faudra donc se contenter, tout au moins dans la première période, d'abris en briques de terre cuites au soleil, et, pour couvrir les baraques ainsi construites, le mieux sera d'adopter, au lieu de charpentes en bois, celui-ci faisant défaut, des charpentes en fer démontables et composées de pièces telles qu'on puisse les transporter en paquets formant la charge d'un chameau ; ces pièces seraient ensuite assemblées sur place et reliées les unes aux autres au moyen de clavettes ou de boulons. On constituerait ainsi une charpente à la fois légère et solide supportant les couvertures en toile imperméable, à titre provisoire sinon définitif, couvertures très suffisantes en somme pour le climat de Temassinine.

Pour couvrir une baraque de vingt mètres de long et de sept mètres de large hors œuvre, et dont les pignons seraient construits, comme les murs, en briques maçonnées ; cette charpente comprendrait six fermes du profil ci-contre et distantes de $2^m,85$. Les arbalétriers seraient en fer à T, pesant $6^k,250$ le mètre courant (fers de la Providence, à ailes ordinaires de $0^m,08$ de hauteur), de même que les contre-fiches et la panne faîtière A, qui relierait toutes les fermes par le sommet et se scéllerait aux deux pignons par ses extrémités.

Les fermes seraient également reliées l'une à l'autre en B B¹ par une panne intermédiaire en fer rond de 0ᵐ01 de diamètre.

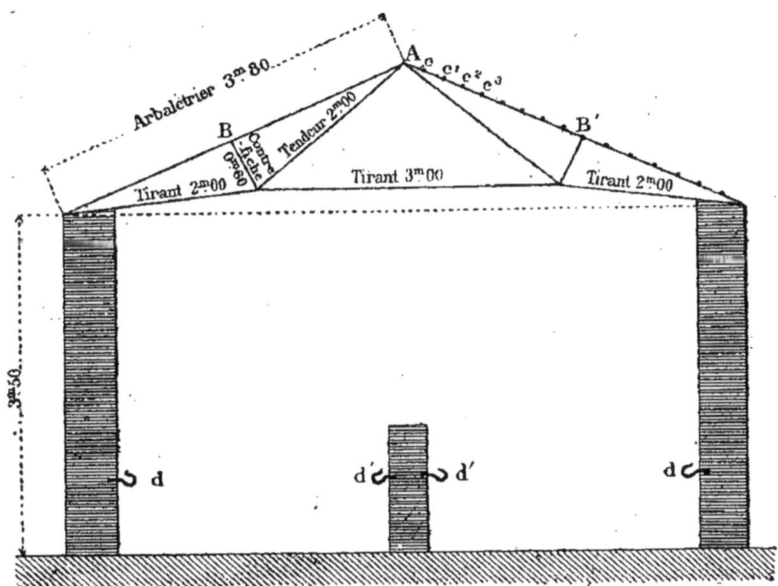

Les tirants et les tendeurs seraient aussi en fer rond de 0ᵐ01.

Enfin, pour supporter la toile goudronnée, on tendrait horizontalement une série parallèle de fils de fer galvanisé de 0ᵐ,004 de diamètre soutenus par les arbalétriers dont ils traverseraient l'âme en C, C¹, C², etc.; ces fils de fer seraient distants de 0ᵐ,20 au maximum.

Le poids de cette charpente légère se rapprocherait des indications suivantes :

Une ferme.

Arbalétriers, 7ᵐ,60 × 6ᵏ,250.	47ᵏ,500
Contre-fiches, 2 × 0ᵐ,60 × 6ᵏ,250. . . . . . ,	7ᵏ,500
Tirants, 7 × 0ᵏ,612.	4ᵏ,284
Tendeurs, 2 × 2ᵐ,00 × 0ᵏ,612.	2ᵏ,448
Soit.	61ᵏ,732

Poids d'une ferme. . . . . 61^k,732
5 autres fermes semblables. . . . . 308^k,660
La panne faîtière, 20^m,50 × 6^k,250. . . . . . . 128^k,125
Les pannes intermédiaires, 2 × 20^m,50 × 0^k,612. 25^k,092
Fils de fer de 0^m,004, 800^m,00 × 0^k,098. . . . . 78^k,400
                                                    ____
                                                    602^k,009

Soit 650 kilog., en tenant compte des boulons et des plaques d'assemblage.

Les longueurs et les poids indiqués ci-dessus ont été calculés de manière à assurer au système une résistance suffisante contre la poussée d'un vent violent et même contre une charge accidentelle de neige.

Il y a lieu de remarquer aussi que les plus longues pièces des fermes ne dépassent pas 3^m,80 de long et peuvent être, par suite, facilement transportables à dos de chameau, fussent-elles d'une seule pièce; s'il en était ainsi, la construction serait simplifiée et la charpente rendue plus rigide. Toutefois, les dispositions du croquis laissent toute liberté de partager en deux morceaux chaque arbalétrier, chaque morceau n'ayant plus alors que 1^m,90.

Il faut encore signaler la nécessité de maintenir en place la couverture en toile imperméable soit au moyen de poids placés par-dessus, soit par des ficelles disposées comme les ris d'une voile et s'attachant aux fils de fer parallèles, etc., etc.

Il est intéressant de se rendre compte du prix d'une telle charpente.

Les fers à T coûtent environ 0^f,75 le kilog., y compris les assemblages.

Les fers ronds de 0^m,01 de diamètre coûtent environ 0^f,58 le kilo.

Les fils de fer galvanisés de 0^m,004 coûtent environ 0^f,92 le kilo.

Ce qui donne :

Pour 458^k,125 de fer à T. . . . . 343^f,60
Pour 65^{k}484 de fer rond. . . . . 39^f,30
Et pour 78^k,400 de fil de fer. . . . . 65^f,30
                                                ____
                    Soit un total de. . . . . . 448^f,20

pour la charpente d'une baraque, non compris la toile imperméable, dont il faudrait environ 160 mètres carrés à 3 francs le mètre, soit 480 francs à ajouter au prix de la charpente en fer, ce qui donne 928 francs pour la couverture d'une baraque.

Une baraque construite dans les dimensions indiquées ci-dessus peut aisément abriter une soixantaine d'hommes. Avec quatre baraques, on pourra donc loger 215 hommes de troupe de la colonne.

Une cinquième baraque servira de logement aux officiers, et une sixième de magasin.

Nous voyons que la couverture de nos six baraques ne dépasse pas la somme relativement modeste de 5,568 francs.

Le couchage des hommes sera assuré au moyen de hamacs, car il est essentiel d'éviter, la nuit, le contact du sable, extrêmement froid. Pendant la route, les hommes se coucheront sur d'épaisses peaux de mouton. Au poste, ils fixeront, le soir, leurs hamacs à des crochets en fer fichés solidement dans les cloisons des baraques en D et D' (voir le croquis), ainsi que dans une cloison intermédiaire de $1^m,50$ de hauteur qu'il faudra élever à cet usage à l'intérieur de la baraque.

On aura donc soin de comprendre aussi, dans le matériel de ferrure, 450 de ces crochets, dont le total pèsera environ 450 kilog. (chaque crochet ayant une longueur de $0^m,25$), et qui coûteraient environ 225 à 250 francs.

Il ne faudra pas négliger non plus d'emporter quelques rouleaux de toile imperméable pour les rechanges, une centaine de mètres coûtant 300 francs environ.

Les six baraques devront être construites à l'intérieur d'une redoute armée de deux canons et dont elles formeront en partie le réduit ; cette précaution doit être prise, non seulement contre les ennemis du dehors, mais aussi pour permettre à la fraction française de la colonne de se défendre au besoin contre un mouvement insurrectionnel du reste de la garnison ; d'ailleurs, la portion indigène de la garnison sera, pour la plus grande partie du temps, à l'extérieur, soit en reconnaissances, soit en correspondance avec les détachements de puisatiers échelonnés sur la route.

Les autres bagages principaux de l'expédition seront :
Deux bâts spéciaux pour le transport des deux pièces de mon-

tagne à dos de chameau ; il est indispensable de faire fabriquer ces bâts à l'avance s'il n'en existe pas dans les magasins de l'État ;

Des munitions d'artillerie : 500 coups par pièce, soit 1,000 projectiles à 5^k,600, soit 5,600 kilog. ;

Des munitions d'infanterie : 200 cartouches (mod. 1886) par homme, soit 40,000 cartouches à 0^k,29, soit 11,600 kilog. ;

Une forge de campagne ;

Des assortiments d'outils de maçons, charpentiers, menuisiers, terrassiers ;

Des rouleaux de fil de fer et des petits piquets pour organiser autour de la redoute un réseau de défenses accessoires, puis une provision complète de graines, de semences, pommes de terre, oignons, salades, poireaux, haricots, navets, choux, carottes, choux pour les bestiaux, rutabaga, sainfoin, maïs, orge, etc.

Et ce sera dès l'arrivée, nous insistons sur ce point, l'un des premiers soins à prendre que d'aménager le sol et de s'ingénier à lui faire produire des légumes pour les hommes et des fourrages pour les animaux, afin de diminuer d'autant la charge considérable des transports ultérieurs.

A cet effet, emporter aussi quelques charrues très légères, quelques colliers pour les ânes avec lesquels il faudra labourer, à défaut d'autres bêtes de travail.

Quelques arabas, qu'on transportera démontées, rendront, enfin, de grands services pour les travaux de culture.

D'autre part, des effets d'habillement et des chaussures de rechange sont indispensables.

Il est aussi très nécessaire d'emporter un assortiment assez complet de menus objets de quincaillerie et d'étoffes, de bougies et autres objets, pour donner en cadeau ou en échange aux indigènes qui viendront fréquenter la colonie, afin de les attirer et de lier rapidement avec eux des relations amicales.

Et pour terminer cette énumération du matériel, *n'oublions pas une assez forte somme d'argent* pour acheter sur place, si l'on parvient à fonder un marché autour de la redoute, de la viande, des dattes, du grain, du bois, tout ce qui, en un mot, sera nécessaire pour vivre ; tout ce qu'on se procurera contre argent sera tout autant de moins à transporter et, à quelque prix que l'on achète, il y aura toujours grand avantage, rien ne coûtant plus cher que les transports.

Si, la route une fois bien reconnue, il paraît possible d'y faire passer des arabas chargées, il faudrait alors faire transporter d'autres baraques par voiture ; ces baraques seraient gardées à Temassinine, et l'année suivante transportées à Amguid, pour y édifier le poste de toutes pièces.

La sécurité de la garnison serait assurée par une redoute du genre de celle que nous figurons ici à titre de simple indication.

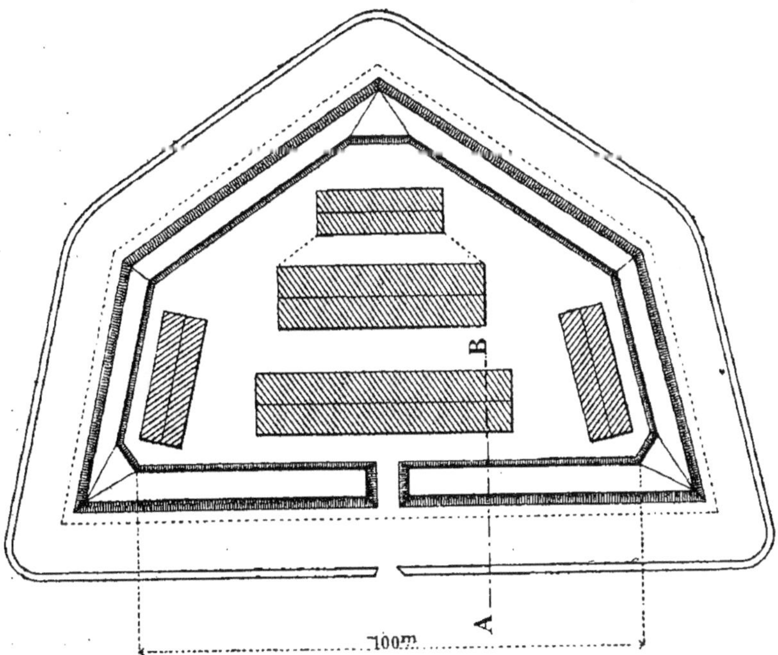

L'enceinte défensive doit être en état de défier toutes les attaques des indigènes et surtout d'empêcher une irruption nocturne. Nous estimons qu'on peut être assuré de satisfaire à cette condition, en constituant l'enceinte par une tranchée-abri, en avant de laquelle on élèverait une grille en fer hérissée de baïonnettes défensives. Un pareil obstacle, si on pouvait en assurer le transport, serait beaucoup plus vite installé qu'un mur crénelé. Tous les éléments constitutifs de cette grille seraient démontables et pourraient être assemblés sur place ; elle serait indestructible et infranchissable avec les moyens dont disposent les indigènes ; quant à sa confection, elle est aujourd'hui d'un travail courant dans l'industrie, et tous les entrepreneurs de serrurerie peuvent aisément s'en charger, en particulier, l'entrepreneur Guerre, à Nice. Le poids de la grille, d'un ouvrage pareil, ne dépasserait guère 45,000 kilog.

Si l'on trouve trop coûteux et trop difficile l'achat et le transport de cette grille, il faudra se contenter de creuser davantage le fossé et de bâtir un mur crénelé en briques de terre cuites au soleil. Les murs de ce genre sont très vite élevés et très suffisants pour résister à toutes les attaques des indigènes, qui n'en emploient, d'ailleurs, pas d'autres dans toutes les constructions de défense de leurs villages.

Quant à la grille elle-même, on la remplacerait en établissant, comme nous l'avons déjà dit, sur le glacis un réseau de petits piquets et de fils de fer entrelacés, très suffisants pour arrêter l'élan des indigènes... Quant aux baraques, elles pourraient être munies d'un plancher surélevé, ménageant un sous-sol qui serait utilisé comme magasin. La pièce de l'étage pourrait être entourée d'une véranda, qui, dans ces régions surchauffées, rafraîchirait sensiblement l'air intérieur. Les fenêtres seraient garnies de volets en tôle, percés de créneaux pour la fusillade. Le type, dont nous donnons ci-joint un croquis, est celui des constructions déjà

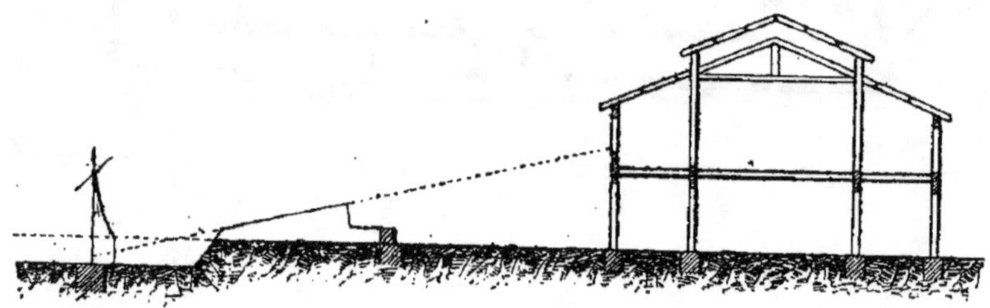

adoptées, par la marine, pour les pavillons des hôpitaux du Tonkin, et dont tous les éléments démontables peuvent être fournis par la société Tollet et la maison Moisant et Ce, de Paris. Toutes les ossatures en fer peuvent être assemblées sur place. Leur poids approximatif pour les bâtiments d'un poste ne semble pas dépasser 45,000 kilogrammes.

Dans cet ordre d'idées, un peu différent de celui que nous avons étudié plus haut, un pavillon de troupe de 40 mètres de long sur 10 mètres de large, coûterait. . . . 80,000 francs.

Un pavillon d'officiers. . . . . 50,000 —

Grille défensive. . . . . 40,000 —

Total. . . . . . 170,000 francs.

moins le transport, bien entendu. Chaque arabas pouvant porter 500 kilog., il faudrait, pour charger le poids ci-dessus, soit 90,000 kilog., 180 arabas; chacune de ces voitures revenant à 200 francs, total : 36,000 francs.

Dans ces conditions. le poste serait sans doute parfaitement installé; mais il ne faut pas se dissimuler que cette quantité d'arabas et leurs attelages, pour lesquels il faudra porter de l'orge et de l'eau, augmenteraient dans une proportion bien considérable les dangers, les difficultés et aussi les dépenses de l'expédition. En conséquence, nous pensons que l'on fera bien, au moins pour les premiers temps, de se contenter pour les baraques, de murs de briques cuites au soleil, recouverts avec des prélarts supportés par des fermes en fer, du type que nous avons primitivement étudié en détail.

3° *Moyens de transport nécessaires pour amener à Temassinine la colonne et les approvisionnements.*

Pour se rendre compte des moyens de transport nécessaires à la colonne expéditionnaire, il est bon de récapituler d'abord les diverses catégories d'approvisionnements et de matériaux à transporter en évaluant approximativement le poids total de chaque catégorie de bagages :

Vivres pour 210 hommes.	252	quintaux.
1 { Orge pour 36 chevaux.	102	—
Eau pour les hommes et les chevaux. . .	156	—
2 Four Lespinasse.	6	—
Appareil solaire pour cuisson d'aliments. .	10	—
Charpentes en fer et ferrures diverses pour les baraques.	37	—
Toile imperméable pour toitures.	40	—
Munitions.	69	—
2 équipages de puits artésiens.	14	—
Outils, pompes, charrues démontées, fils de fer.	10	—
Planches, madriers	50	—
Arabas démontées.	7	—

759 quintaux.

		759 quintaux.
Réserves d'habillements, chaussures.. . . Hamacs, couvertures.	5	—
Marchandises, armes à donner aux indi- gènes.	10	—
Graines, semences.	20	—
Bagages des officiers.	36	—
— de la troupe.	20	—
Soit, en chiffres ronds.	850	quintaux.

C'est un poids considérable à déplacer; mais notre sud-est est extrêmement riche en chameaux, et il n'y a pas de difficultés sérieuses, pour nos tribus, à réunir les moyens de transport nécessaires, si les préparatifs de l'expédition se font avec ordre et calme, et si l'on a du temps devant soi.

Nous n'avons pas encore dit que la colonne doit emmener aussi une certaine quantité d'ânes, qui seront une précieuse ressource pour les travaux de la colonie. Les ânes du Sud sont, du reste, très robustes, très durs au travail, se nourrissent très facilement et suivent aisément, avec une charge de 50 kilogrammes, la marche des chameaux.

Nous en avons fait en grand l'expérience pendant notre expédition dans le sud de la Tunisie. Ces ânes ont toujours été une ressource et jamais une gêne. Ils serviront à tous les travaux de la colonie et de plus, au besoin, à sa nourriture.

Nous pensons qu'il est utile d'emmener une centaine d'ânesses et quelques étalons. Chaque animal portant 50 kilogrammes d'orge, on transportera par suite ainsi 50 quintaux. D'un autre côté, nous avons dit que le convoi permanent du poste devait se composer de 200 chameaux chargés de 100 kilogrammes chacun, soit 200 quintaux. Total : 250 quintaux.

Et si nous les déduisons des 850 quintaux, poids total de nos transports, il nous reste encore un poids de 600 quintaux à enlever.

Les chameaux destinés à être conservés par le corps expéditionnaire après son installation, devront être triés avec un soin extrême et achetés seulement aux tribus d'extrême sud : Chambâs, Beni-Mzab, Trouds, etc.; les chameaux des Ouled-Naïls et des Larbâs n'ont pas les qualités de résistance nécessaires pour supporter un an de séjour dans la région de Temassinine. On ne devra faire acheter les animaux que par les Arabes du Sud, ayant l'expérience et les connaissances voulues, par exemple, par des chefs des Chambâs, en les rendant personnellement responsables de la qualité et de l'énergie des chameaux, ce qui est absolument une affaire de race. C'est réellement une question des plus importantes et qui exige la plus grande sollicitude.

Au contraire, pour enlever les 594 quintaux qui nous restent à charger, ainsi qu'on vient de le dire, il faut procéder, si c'est possible, par voie de marché à forfait, soit à raison d'une somme fixée pour porter tel poids à tel endroit..... Ce système est préférable à celui des réquisitions et du payement par journée. Les réquisitions ne donnent généralement que des bêtes médiocres, qui marchent mal, ne supportent pas la fatigue, meurent en route, et il faut alors payer au propriétaire la bête elle-même en sus de la valeur de la charge, qui bien souvent alors reste en route et se perd.

De plus, dans le cas des réquisitions, il faut nourrir le convoyeur et lui fournir l'eau indispensable, sans compter que, pendant la route, il vole toujours, autant qu'il le peut, dans les approvisionnements, qui se trouvent diminués d'autant à l'arrivée.

Il est bien préférable de payer un prix de transport plus élevé et de n'avoir plus qu'à compter et peser, au départ et à l'arrivée, les quantités transportées.

Par ce moyen, on est dégagé de tous les aléas, des risques de mortalité des chameaux, du soin de leur nourriture et de celle des convoyeurs, etc., etc. Il est bien certain qu'on ne peut pas traiter avec chaque convoyeur, mais on peut certainement trouver un certain nombre de Beni-Mzab, de chefs de tribus, avec lesquels il sera possible de traiter pour une partie du transport, payable, bien entendu, au retour des chameliers à Ouargla.

De la sorte, on réalisera assurément une grosse économie, surtout si l'on remarque que tous les chameaux des convois n'auront pas à aller jusqu'à Temassinine ; en effet, ceux qui portent les vivres peuvent être renvoyés à chaque jour de marche, après la distribution faite. Il en résulte une diminution journalière de 590 kilog., à raison de 2 kilog. pour 210 hommes. . 420 kilog.
Orge, 5 kilog. pour 34 chevaux. . . . . 170 —
Total. . . . . 590 kilog.

Il est bien évident que les chameaux qui porteront ces vivres et les distribueront à la première étape en partant d'Ouargla, ne seront pas payés le même prix que ceux qui marcheront 20 ou 25 jours pour arriver à Temassinine ; ils peuvent aussi porter, par suite, un poids plus fort.

Il y a, d'Ouargla à Aïn-Taïba, 7 jours de marche, pendant lesquels la route est connue et vient d'être foulée par la colonne qui laisse des traces visibles. Il n'y a donc aucune difficulté à laisser, chaque jour, les chameaux repartir pour rentrer chez eux, d'autant que cette ligne de 7 étapes est jalonnée par les puits à Hassi-Terfaïa, Hass-Bou-Mimel, Hass-Bou-Sevuel et Hassi-Bel-Haïren, et les chameaux déchargés la parcourront facilement en 5 jours et pourront, après repos, se louer à Ouargla pour un autre voyage.

On peut admettre que les prix de journées seront à peu près tarifés de la façon suivante :

1re journée, à 2 fr. 50.	5 chameaux.		12 fr. 50
soldés par un bon payable à Ouargla au retour.			
2e journée, à 5 fr. »	5 chameaux.		25 »
3e journée, à 7 50	5	—	37 50
4e journée, à 10 »	10	—	100 »
Séjour.			
5e journée, à 12 fr. 50	5	—	62 50
6e journée, à 15 »	5	—	75 »
7e journée, à 17 50	5	—	87 50
8e journée, à 20 »	10	—	200· »
Séjour.			
	50 chameaux.		600 fr. »

A partir du huitième jour, il est difficile de renvoyer au jour le jour des convoyeurs isolés avec leurs chameaux, sans escorte et sans guide, quoique les traces du passage de la colonne soient suffisantes pour retrouver le chemin ; d'ailleurs, au delà d'Aïn-Taïba, il n'y a plus de puits.

Ce fait démontre naturellement que, profitant de la marche de l'expédition sur Temassinine, le commandement d'Ouargla doit absolument travailler à relier ce point à Ouargla par une ligne de puits... La grande difficulté du parcours est entre Aïn-Taïba et El-Biodh.

D'après l'itinéraire Flatters, 157 kilomètres séparent ces deux points sans une goutte d'eau sur le trajet, à travers un pays des plus désolés.

Il est donc indispensable de chercher à rendre ce parcours plus facile, et, par suite, il faut envoyer d'Ouargla un détachement de puisatiers avec une escorte pour creuser des puits sur la ligne Aïn-Taïba—El-Biodh.

C'est au commandement d'Ouargla qu'incombe ce soin, ainsi que célui de fournir l'escorte nécessaire à la sécurité des travailleurs et les chameaux pour leurs convois de subsistances.

L'expédition proprement dite aura mission de lier Temassinine à Amguid, en creusant à son tour des puits entre ces deux points.

Un détachement de puisatiers et son escorte, fournis par Ouargla, marcheront donc avec la colonne qui les laissera au point choisi pour creuser le premier puits ; ce point semble devoir se trouver à 32 kilomètres d'Aïn-Taïba, à l'entrée de la région de terrain appelé Gàssi (Terre dure), à un endroit connu sous le nom de Feidj-Beida.

La relation Flatters le donne comme riche en pâturages. La colonne s'y arrêtera un jour pour aider le détachement à s'y organiser dans une petite redoute, au centre de laquelle se feront les travaux de creusement du puits.

Il est inutile d'entrer dans aucun détail sur l'organisation de la marche de ces travaux, le commandement d'Ouargla, depuis trente ans, a fait creuser tant de puits dans ces parages qu'il est plus à même que qui que ce soit de régler et conduire ces travaux. Il n'a cette fois qu'à prendre, en outre, les précautions particulières qu'exige l'éloignement et le pays exceptionnellement mal famé d'Aïn-Taïba, redouté des indigènes eux-mêmes. C'est en effet, et par excellence, le théâtre des exploits des coupeurs de routes, des brigands, etc.; mais ce qui est redoutable pour les voyageurs isolés ou pour de petites caravanes sans moyens de défense, ne présente absolument aucun danger pour 20 ou 30 soldats bien armés et bien installés dans une petite redoute solidement organisée.

En ce point, la colonne pourra aussi procéder à une évacuation, ainsi que le détachement des puisatiers, qui renverra un certain nombre des chameaux qui l'auront amené avec ses vivres et son matériel. Une caravane assez importante pour n'avoir rien à craindre se formera donc et rentrera à Ouargla. En renvoyant 10 chameaux à 30 francs, 300 francs seront payables à leur retour à Ouargla.

Dans le même ordre d'idées, par suite des distributions d'eau faites à Fedj-el-Beïda pendant deux jours aux hommes et aux chevaux, 31 chameaux de plus se trouveront déchargés ; on pourra les renvoyer aussi, mais en gardant les tonnelets qui seront mis en surcharge sur les meilleurs chameaux restants. On leur devra 31 fois 30 francs, soit 930 francs. A partir de Fedj-el-Beïda, il ne restera plus à la colonne que 910 chameaux.

Pour atteindre le point d'eau le plus rapproché qui est El-Biodh, il faudra franchir une distance de 125 kilomètres, soit six jours de marche environ. Donc, à El-Biodh, après un ou deux séjours, on aura déchargé 6 chameaux pour chacun des huit jours de vivres. 48
et 15 chameaux, pour chacun des huit jours d'eau 120

Total. 168

En les payant 60 francs, c'est une somme de 10,080 francs. Il nous reste, enfin, 570 chameaux à emmener jusqu'au bout et à payer, à raison de 100 francs, 57,000 francs.

Soit, au total, 67,000 francs, et si l'on y ajoute la valeur d'achat primitivement calculée des 100 ânes destinés au poste, décomptés à raison de 40 francs l'un, soit 4,000 francs, ainsi que des 200 chameaux à conserver par le poste, avec leur outillage de bât, cordes, sacs, etc., et qu'il faudra payer 300 francs pièce pour les avoir en excellent état, soit 60,000 francs, nous arrivons à un total de 131,000 francs pour frais de transport d'Ouargla à Temassinine.

Mais pour assurer au poste son approvisionnement d'une année, il faudra lui envoyer un convoi de ravitaillement les 1er novembre, décembre, janvier, février, mars et avril, soit six convois, mais qui seront loin d'avoir l'importance du premier, puisqu'ils n'auront à transporter que les vivres, tandis que le premier transportait tout l'outillage de la colonie.

Il suffira chaque mois, comme nous l'avons vu :

De 252 chameaux porteurs de vivres;
102   —   pour l'orge;
40   —   pour l'eau;

394, soit 400 chameaux en compte rond, à 100 francs par tête.

Total : 40,000 francs.

Les six convois coûteront 240,000 francs qui, ajoutés aux 131,000 francs de transport de la colonie, donnent 371,000 francs, somme nécessaire pour assurer l'installation et la vie du poste pendant un an. On n'a pas compté de vivres et d'eau pour l'escorte des convois aller et retour; comme ces transports devront, en effet, être faits par voie de marchés passés avec les tribus, c'est à celles-ci qu'il appartiendra d'armer leurs convoyeurs et de les envoyer assez nombreux pour assurer la garde de leurs chameaux et les défendre, ainsi que de nourrir lesdits convoyeurs. Les tribus ont, du reste, l'habitude de marcher en caravanes, et c'est pour leur permettre de porter leurs vivres que nous décomptons le transport à raison du quintal seulement, quoique généralement les chameaux portent davantage.

La somme qui vient d'être calculée n'est évidemment qu'une portion de la dépense générale. Il faut y ajouter d'abord le prix de revient de l'outillage de la colonie et d'autres dépenses de natures différentes que nous allons essayer d'énumérer ; mais on peut admettre aussi qu'après deux ou trois voyages, les tribus familiarisées avec ces parages qui, actuellement, ont à leurs yeux une réputation inquiétante, diminueront beaucoup leurs prix primitifs ; on trouvera alors des entrepreneurs qui se chargeront d'assurer ces transports aussi facilement qu'ils assurent ceux de Laghouath au Mzab ou du Mzab à Ouargla. De plus, nous avons la ferme conviction qu'à Temassinine on pourra, par la culture, se procurer des quantités suffisantes de blé, d'orge et de légumes, et diminuer de beaucoup ainsi les transports de vivres de l'avenir. Il est certain aussi que, dès que les premières relations auront été établies et qu'il se sera formé autour de Temassinine quelques rudiments d'agglomération ; dès que la première émotion résultant de notre prise de possession sera passée et que cette prise de possession aura été acceptée, en un mot, par les Ifoghas et les Asdgers, on pourra diminuer de près de moitié la

garnison de 200 hommes; par suite, les transports deviendront
bien moins considérables et bien moins onéreux.

Si la création du poste de Temassinine réussit, suivant nos
espérances, l'année suivante devra être consacrée à la création
d'un poste identique à Amguid. Nous en ferons l'objet d'un chapitre spécial; mais, comme cette nouvelle création devra nécessiter
l'emploi de beaucoup de nos premiers moyens d'action, il sera
sage d'augmenter, dans les derniers mois, les approvisionnements
à Temassinine, de manière à n'avoir pas à ravitailler ce poste en
même temps qu'on organisera et qu'on exécutera la marche sur
Amguid.

SOLDE DU PERSONNEL.

Il est évident que la solde de la garnison de Temassinine devra
être augmentée; il ne lui serait pas possible de vivre avec la
solde ordinaire, et il est juste aussi de rémunérer largement les
hommes qui accepteront de bonne volonté les privations, les
souffrances et les dangers, leur lot inévitable dans ces régions
désolées et si éloignées de leur pays. Les officiers toucheront,
avant le départ, une indemnité d'entrée en campagne qui puisse
leur permettre de s'organiser pour le voyage et de faire, en vue
de leur long séjour à Temassinine, des provisions suffisantes en
effets, conserves, café, thé, eau-de-vie, etc., etc. Admettons les
tarifs suivants pour les indemnités d'entrée en campagne :

2 officiers supérieurs à	1000 fr.	2,000 fr.
1 capitaine à	600 »	600 »
9 officiers inférieurs à	500 »	4,500 »
Total.		7,100 fr.

plus une haute paie journalière s'ajoutant à la solde :

2 officiers supérieurs à . . . . . 10 fr.		
1 capitaine à . . . . 8 »	× 365 =	29,930 fr.
9 officiers inférieurs à . . . . . 6 »		
16 sous-officiers à 3 fr.		21,520 »
95 soldats français à 1 fr. 50 par jour.		52,012 »
85 soldats indigènes à 1 fr.		31,025 »
Total.		141,587 fr.

Afin d'assurer la bonne conduite et la discipline de ces hommes, surtout des indigènes, pendant tout le temps de l'expédition, il devra être spécifié, lors de l'engagement, que partie de cette haute paie (les 2/3 ou la 1/2) ne sera payée qu'au retour, et que ceux qui déserteraient ou seraient renvoyés pour inconduite perdront tout droit à la prime, même pour le temps passé au service de l'expédition. En cas de mort, la haute paie serait naturellement acquise aux héritiers jusqu'au jour du décès, ou ferait retour à l'État dans le cas où il n'y aurait pas d'héritiers connus.

COMMUNICATIONS. — POSTES DE CORRESPONDANCE

Ainsi que nous l'avons posé en principe au début de cette étude, il est indispensable d'assurer, d'une façon régulière, les relations entre Ouargla et le poste de Temassinine ; c'est évidemment un problème dont la solution présente certaines difficultés, mais qu'il faut absolument résoudre dans de bonnes conditions. C'est, en effet, pour créer ces relations qu'on s'impose les sacrifices demandés par l'établissement du poste ; la sécurité de ces relations sera, d'ailleurs, une des conditions essentielles de l'existence et de l'énergie de la garnison. Ce sont, enfin, ces relations qui assureront le peuplement de cette station nouvelle, notre *desideratum* principal, en somme, étant donné que la France ne peut entretenir à tout jamais une garnison à Temassinine. Pour établir et entretenir ces relations il faudra au moins deux postes de correspondance entre Temassinine et Ouargla, un à El-Biodh, l'autre à Aïn-Taïba. Le détachement des puisatiers, pendant tout le temps qu'il sera occupé à creuser des puits entre El-Biodh et Aïn-Taïba, constituera un troisième poste près duquel les courriers, les convois et aussi les voyageurs trouveront protection et aide. La route sera donc ainsi jalonnée de trois points d'appui qui seront en même temps des relais.

Il ne semble pas nécessaire d'avoir plus de deux courriers par mois ; d'un autre côté, en raison de la distance à parcourir dans un pays peu sûr, les correspondances à échanger ne peuvent pas être confiées à un cavalier isolé. On ne peut guère risquer moins de quatre cavaliers à mehari entre Temassinine et Aïn-Taïba. A partir de ce point sur Ouargla, deux suffisent.

En admettant qu'il y ait en chaque station dix méharas, deux partiront d'Ouargla tous les 15 jours, le lundi, après l'arrivée du courrier de France, pour Aïn-Taïba où ils s'arrêteront et seront remplacés par quatre méharas qui porteront le courrier jusqu'au camp des puisatiers. Le même lundi quatre méharas partiront de Temassinine et porteront le courrier à El-Biodh, d'où quatre autres le porteront au camp des puisatiers. Après échange des courriers ils reviendront par la même voie à leurs points de départ.

C'est donc, en somme, une vingtaine de cavaliers à mehari qu'il s'agit de recruter, et il faut qu'ils présentent des conditions de fidélité, d'honnêteté et de connaissance du pays, assez difficiles à trouver. Ce recrutement sera assurément difficile et délicat, et, quoique la question des courriers sur une route constamment parcourue et jalonnée ait moins d'importance que celle des guides, il sera nécessaire de s'assurer à l'avance du concours de ceux qui seront disposés à s'engager à ce titre. Ces cavaliers seront forcément obligés de s'isoler de leur tribu d'origine, auront à exécuter un service dangereux et pénible, surtout pour ceux d'Aïn-Taïba, qui devront séjourner dans une région affreuse pour laquelle les Chambâs ont de tout temps professé une antipathie connue et même une espèce de terreur.

La quotité de leur salaire sera à débattre sur place avant le départ, mais, étant donné que ceux qui font le service de la poste entre Ghardaïa du Mzab et Ouargla reçoivent, pour un voyage par mois, une solde de 75 francs, il faut assurément compter pour nos courriers une solde double, soit $150 \times 20 \times 12 = 36,000$ francs. On peut compter 40,000 francs en prévision des indemnités supplémentaires et des cadeaux qui, de temps en temps, sont indispensables pour entretenir la bonne volonté de ces auxiliaires. Peut-être, pour le poste d'El-Biodh, sera-t-il possible de réduire la dépense quand on aura fait connaissance avec les Ifoghas. Ils ne sortiront pas de leur pays et se montreront naturellement moins exigeants pour y faire le service que s'ils étaient étrangers à la contrée.

RELEVÉ DES FRAIS GÉNÉRAUX DE L'EXPÉDITION.

Matériaux nécessaires à la construction et à la couverture de six baraques . . . .   6,200 fr.

Matériel d'exploitation et approvisionnements divers . . . .   3,000 »

Total des frais de transport par chameaux d'Ouargla à Temassinine . . . .   131,000 »

Six convois de ravitaillement . . . .   240,000 »

Supplément de solde du personnel pendant un an.   141,600 »

Solde des courriers de correspondance pendant un an . . . .   40,000 »

En caisse métallique à emporter . . . .   100,000 »

Total. . . .	661,800 fr.
Soit.	700,000 fr.

CHAPITRE II.

PRÉCAUTIONS A PRENDRE PENDANT LA MARCHE.

Nous l'avons déjà dit, dans ces expéditions du Sud, la rareté de l'eau ne permet pas à l'ennemi de se concentrer en forces considérables, et l'on ne peut avoir à combattre que des bandes peu nombreuses, dont, avec la supériorité de notre armement et de notre discipline, il est toujours facile de triompher. La seule difficulté réelle de ces expéditions consiste dans la conduite et la garde du convoi, difficulté qui augmente naturellement en raison des distances à franchir. Dans ces solitudes, où n'existe aucune ressource, il faut tout emporter avec soi pour très longtemps ; par conséquent, ce sont d'énormes convois qu'il faut traîner à sa suite.

La conduite et la protection de ces convois constituent une véritable difficulté, et il est nécessaire d'entrer dans quelques détails au sujet des dispositions à prendre à cet effet. Prouver qu'il est possible de triompher des difficultés incontestables de l'entreprise et indiquer les moyens de les surmonter, n'est-ce pas le meilleur moyen de répondre aux objections faites à ce sujet ?

Si l'expédition projetée est entreprise, ce ne sera pas, tant s'en faut, la première fois qu'une colonne française aura dû traîner à sa suite des convois considérables.

En 1854, le convoi de M. le colonel Desvaux, dans son expédition à Tuggurth et dans l'Oued-Souf, comptait 5,000 chameaux, et la colonne de Gafsa, en 1882, lorsqu'elle traversait les chotts qui portent le nom de mer intérieure et débouchait dans le Nefzaoua, à Seftimi, ainsi que dans sa marche à travers les montagnes des Oughammas, traînait avec elle 3,500 chameaux.

On a déjà vu qu'il ne sera pas nécessaire d'emmener en une seule fois un si grand nombre d'animaux ; il est vrai que la troupe qui devra les garder est infiniment moins nombreuse que ne l'étaient les colonnes que nous venons de citer.

Dans l'expédition nouvelle qui nous occupe, il y a évidemment plus de soins à prendre, parce qu'on traverse un pays absolument dénué de ressources, sur lequel le chameau ne trouve que difficilement sa nourriture.

Aussi le chef de l'expédition ne doit-il pas perdre de vue un seul instant que la sécurité et le salut de sa troupe reposent entièrement sur la conservation de ses chameaux.

Si ce précieux moyen de transport venait à manquer, soit par suite de défaut de nourriture, soit, comme cela est arrivé aux malheureux qui faisaient partie de la deuxième expédition Flatters, par suite des vols que les indigènes exercent, il faut bien le reconnaître, comme une tactique habituelle, la colonne serait perdue et l'on verrait se renouveler sur une plus grande échelle, pour épouvanter le monde, les scènes horribles qui ont accompagné la fin tragique du colonel Flatters et de sa troupe. Le chef de la colonne doit donc savoir faire vivre et défendre ses chameaux pendant les marches et les bivouacs, et, ce qui est plus difficile, les garder au pâturage.

Généralement, les jours de marche, on ne peut les envoyer aux pâturages ; il faut donc qu'ils puissent se nourrir pendant la marche même ; c'est absolument nécessaire. Pour leur rendre la chose possible, on les fractionne par bandes de 100 ou de 50, en les laissant toujours dans le groupe de leur tribu, parce que les chameaux qui se connaissent restent toujours ensemble et ne se séparent jamais de leur bande pour se mêler à d'autres. S'ils s'égarent ou s'ils sont séparés par une cause quelconque, leur instinct les ramène à leur tribu ; c'est donc un moyen d'assurer l'ordre et d'avoir une formation régulière ; les chameaux de chaque bande marchent alors de front, guidés par les convoyeurs dans le sens de la direction suivie. Ils vont ainsi à leur pas, paisiblement, s'arrêtant un instant pour ramasser la plante, le brin d'herbe qu'ils rencontrent sur leur route.

Les convoyeurs règlent la marche de façon à parcourir la même distance que l'infanterie, repos compris, c'est-à-dire que l'infanterie marchant 50 minutes et s'arrêtant 10 minutes, les chameaux perdent sur elle, pendant la marche, environ 10 mi-

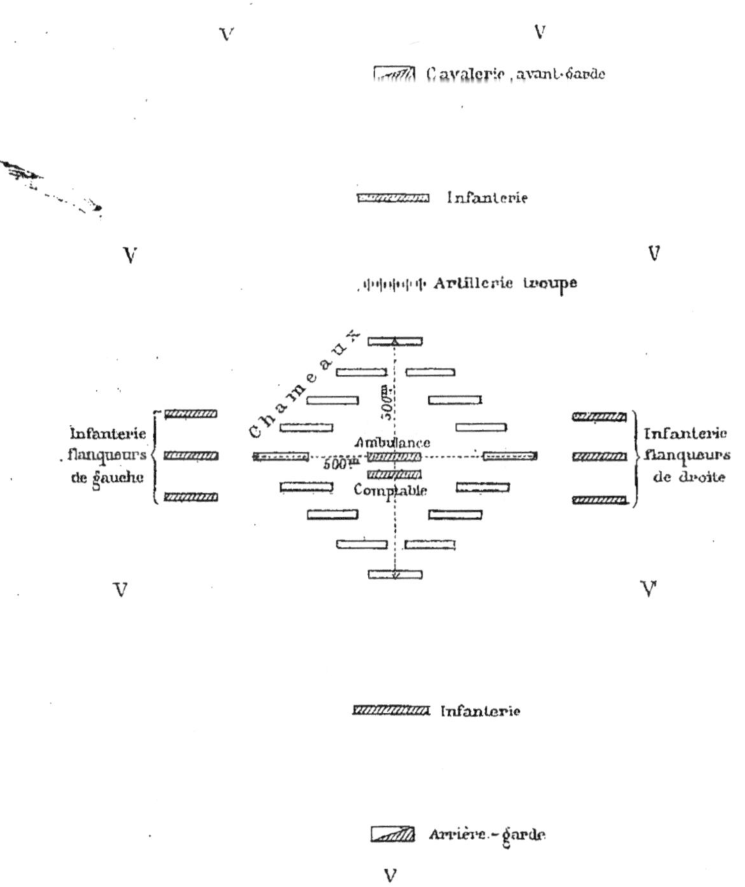

nutes, qu'ils rattrapent pendant la pause et sont, au moment où elle repart, arrivés à sa hauteur.

Chaque bande de chameaux se tient à une distance de 50 à 60 mètres de celle qui la précède; mais au lieu de marcher directement sur ses traces, elle déboîte à droite ou à gauche, de manière à ne pas parcourir le même terrain.

Chaque chameau connaît parfaitement ses voisins, sait sa place et la rejoint lui-même, sans jamais se tromper ni se mêler à la bande voisine.

Le convoi forme ainsi un grand losange, dont chaque unité fait face et marche dans la direction, comme l'indique la figure ci-contre.

L'infanterie se répartit sur les quatre faces et les couvre. Les bagages marchent au centre du losange des chameaux; tout le monde ainsi avance à l'aise, sans obligation de régler le pas les uns sur les autres, et chaque élément restant toujours disposé de façon à soutenir et à protéger les éléments voisins.

Quand le pays parcouru n'est pas absolument aride, ce qui est le cas général en hiver, le chameau trouve, en marchant ainsi toute la journée, sa nourriture le long du chemin, sans que sa marche soit retardée. Si au lieu de laisser au chameau une certaine liberté et de faire déboîter chaque bande pour la faire passer sur un terrain non foulé, on l'emprisonnait en masse au milieu de la colonne, en le forçant à suivre le pas de la troupe, on aurait certainement, au bout de quelques jours, une mortalité considérable.

Le chameau a besoin de manger tous les jours et beaucoup; c'est une erreur de croire qu'on peut sans danger le priver de nourriture; mais il est vrai qu'il peut, sans inconvénients, pendant la saison d'hiver, supporter la soif et ne boire que tous les trois, quatre, cinq jours, et même moins souvent, quand des pluies récentes ont fait pousser une herbe fraîche.

Des vedettes, poussées à quelque distance, entourent la colonne, surveillent l'horizon, de façon à être informé quelque temps à l'avance de la présence de l'ennemi.

Si pendant la marche la colonne est obligée de livrer un combat, la cavalerie doit se replier dans l'intérieur du carré et attendre un moment favorable pour l'action.

Tout engagement prématuré de cavalerie est une faute grave; notre cavalerie n'a qu'un moyen d'action, c'est le choc. Ici, l'ennemi ne résiste pas, il cède en se dispersant, de sorte qu'au bout de quelques instants nos cavaliers sont entraînés loin de l'appui de l'infanterie, se dispersent, et quand cette dispersion est un fait accompli, chacun des cavaliers se trouve cerné, attaqué par plusieurs ennemis, qui ont facilement raison de sa résistance. C'est avec les coups de fusils de l'infanterie qu'il faut conduire le combat, et ne lâcher la cavalerie que lorsque l'ennemi, terrifié par l'effet de notre tir rapide et ajusté, est en fuite.

Quant au convoi, sa défense est extrêmement facile; les premiers groupes de chameaux sont arrêtés sur place; en arrière du premier groupe d'infanterie qui couvre la marche, chaque convoyeur fait coucher ses animaux sur un, deux ou plusieurs rangs de profondeur et en travers de la direction, la charge qu'ils portent protégeant par conséquent leur flanc. Après leur avoir attaché les genoux avec une espèce de jarretière (*agued*), dont il doit toujours être pourvu, le convoyeur se place derrière eux. Les autres groupes de chameaux serrent sur les premiers, se couchent de la même façon et forment ainsi un rectangle, une redoute dont les murs sont des chameaux couchés, incapables de se lever et porteurs de leur charge.

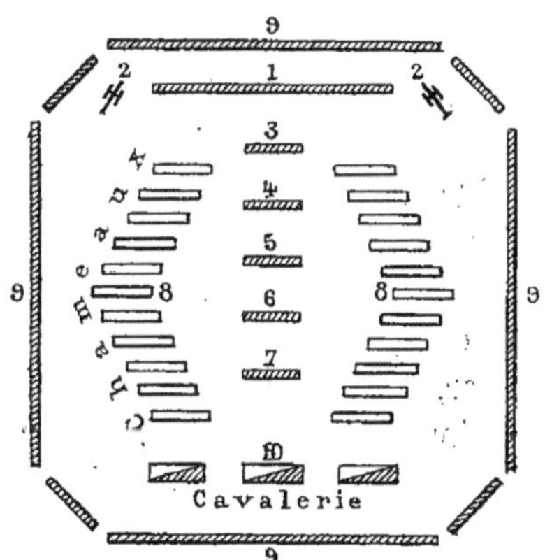

Les convoyeurs armés assurent la défense de la redoute, au milieu de laquelle se groupent les hommes des sections de munitions, de l'ambulance, etc..., pour former une réserve prête à agir où besoin serait.

Si l'on craint quelque trahison de la part des convoyeurs, ce qui n'est pas probable dans le cas qui nous occupe, puisqu'ils ont autant que nous à redouter l'ennemi et ne peuvent en attendre aucune merci, on fait entrer dans la redoute un certain nombre de fantassins qui se placent en arrière des convoyeurs et couverts par le rempart que forment les chameaux, tiennent sous leurs fusils les convoyeurs suspects, qu'ils font coucher avec défense de se relever.

Si l'on considère que nos hommes sont armés de fusils à tir rapide portant très juste à 500 et 600 mètres, tandis que l'ennemi n'a que des lances, des sabres et quelques rares fusils à pierre, il est facile d'admettre que cette redoute offrira une résistance invincible, livrée à ses seules forces. L'infanterie et la cavalerie de la colonne auront, par suite, toute liberté de se mouvoir et de prendre l'offensive, d'autant plus que les deux pièces de canon placées aux deux angles opposés peuvent battre très efficacement les faces de la redoute.

Cette formation, connue dans l'ancienne armée d'Afrique, est empruntée aux habitudes de guerre des tribus arabes et se nomme le Mrah. Nous avons eu plusieurs fois à nous heurter contre elle, soit en 1849 aux Zibans, soit en 1864 à Aïn-Malakof; ce n'a jamais été sans sacrifice qu'on est venu à bout de la rompre.

Après quelques exercices, lorsque chacun sait bien ce qu'il a à faire, il faut à peine quelques minutes pour que le Mrah soit complètement établi et fermé.

Pour ne perdre aucun moment pour la marche et diminuer autant que possible la fatigue pour tout le monde, on fait toutes les haltes, et l'on s'établit le soir au bivouac dans la même formation en serrant les intervalles de manière à tenir le moins de place possible; avec la seule précaution de laisser un passage ouvert aux quatre angles du losange que forment les chameaux qui couchent ainsi dans l'intérieur du camp, chacun reposant à côté de sa charge que le convoyeur le lendemain n'a qu'à boucler sur le bât avant de se mettre en route. Il faut avoir grand soin qu'on ne change pas les charges de chaque chameau, afin de faciliter le travail aux convoyeurs et de pouvoir partir au point du jour; sans cela, on subirait chaque matin des retards considérables. On doit éviter de partir de nuit, les chargements étant toujours fort difficiles dans l'obscurité; il suffit de partir au point du jour.

Des chefs de colonne font quelquefois coucher leurs chameaux

en dehors et à proximité du camp, parce qu'ils font beaucoup
de bruit et empêchent de bonne heure tout sommeil.

Dans cette expédition, ce serait pour s'éviter un léger désagré-
ment s'exposer à un danger grave et l'on ne manquerait pas de
s'en repentir ; qu'on ne l'oublie pas, on est en plein milieu de
brigands ; les gens qu'on a pour ennemis sont très habiles aux
vols de nuit...

Il faut se garder avec un soin extrême et prendre toutes les
précautions possibles avec la conviction qu'on n'en prendra
jamais trop.

Le lendemain, on repart dans la même formation, seulement
l'arrière-garde devient l'avant-garde et réciproquement, et la
queue des colonnes de flanqueurs passe en tête, parce que, dans
une colonne, les troupes qui sont en arrière supportent beaucoup
plus de fatigue que celles qui marchent en avant.

La garde des chameaux aux pâturages est beaucoup plus difficile, parce que, pour paître, il faut absolument qu'ils se dispersent ; de plus, si l'on reste longtemps au même endroit, il faut
chaque jour les mener paître plus loin ; ce sera donc à Temassinine même que les chameaux seront le plus difficile à garder et
qu'on aura le plus de chances de se les voir voler, d'autant plus
que l'absence de danger journalier finit par éteindre et amortir la
surveillance. C'est un service fatigant pour la troupe ; mais il
sera probablement possible d'intéresser les Ifoghas et autres
tribus à nous aider dans cette pénible besogne. En tous cas, il
faut absolument tenir à ce que les chameaux rentrent tous les
soirs au poste pour se reposer à l'intérieur.

Au pâturage, tous les cavaliers disponibles doivent les accompagner et être prêts à reprendre de force ceux des animaux qui
pourraient être enlevés... Les convoyeurs doivent aussi, chaque
jour et en armes, accompagner leurs chameaux et les rassembler
pour rejoindre avant la nuit le point de concentration.

On objectera, sans doute, contre l'organisation de notre expédition, que les indigènes dans leurs caravanes à travers ces
régions n'emmènent pas de fantassins et que nous ne devrions
pas non plus songer à y employer d'autres troupes que des
hommes montés sur des chameaux, étant donné que nos soldats
ne pourront supporter les fatigues des marches à pied. A notre
avis, c'est là une erreur.

Les indigènes, lorsqu'ils entreprennent des expéditions, n'ont en vue que des harkas, c'est-à-dire des surprises rapides, et sont dans la nécessité de franchir des distances énormes d'abord pour surprendre et ensuite aussi pour fuir assez vite et courir se mettre à l'abri, eux et leur butin, en cas de poursuites. Ce sont alors toujours des Méharas (cavaliers à chameaux) qui règlent la marche, et assurément un homme à pied est tout à fait hors d'état de les suivre. Mais une colonne française ne marche pas dans ces conditions. Elle n'a pas de surprises à faire, et surtout elle ne fuit pas pour éviter le combat, au contraire elle l'accepte et fait face à l'ennemi. Nous n'allons point dans ces pays, il faut que ce soit bien entendu, pour nous emparer de ce que possèdent les indigènes, pour les tuer ou les dépouiller ; ce ne sont point leurs richesses qui nous tentent ; ils n'en possèdent pas, d'ailleurs. Nous voulons simplement rouvrir les relations avec le Soudan. Les Touaregs n'ont pas voulu nous laisser passer ; ils ont préféré, à leur grand détriment, assassiner nos voyageurs pour les voler ; mais nous n'allons pas chez eux, par esprit de vengeance et pour les punir de leurs méfaits ; nous voulons nous installer chez eux, parce qu'on ne peut pas passer sans prendre position sur la route du Soudan.

Nous n'allons, enfin, chez les Touaregs qu'avec des intentions absolument pacifiques, désireux d'avoir avec eux les relations les plus amicales et les plus généreuses, prêts à payer tous les services qu'ils voudront nous rendre et à apporter chez eux le bien-être et l'aisance au lieu de la misère à laquelle ils sont en proie. Mais l'expérience nous a prouvé à nos dépens qu'on ne devait pas s'approcher d'eux sans précautions et sans moyens de défense. Cette fois-ci nous serons donc en état de nous faire respecter et malgré tout notre désir d'avoir la paix et bien décidés à éviter toute effusion de sang dans un pays déjà trop peu peuplé, nous serons toujours prêts au combat et en mesure de donner une leçon à ceux qui voudront essayer leurs forces contre nous.

Nous n'avons pas à courir après ces bandes de sauterelles, nos objectifs sont fixés et connus ; mais si elles nous attaquent, nous les châtierons énergiquement.

Dans ces conditions, nos soldats n'ont qu'à marcher tranquillement sur nos objectifs, et il n'y a pas de doute qu'un soldat français bien nourri ne soit parfaitement apte à faire dans ce pays

25, 30 kilomètres par jour et même plus si cela est nécessaire à un moment donné.

Deux exemples indiscutables le prouvent :

Pendant la campagne de Tunisie, la colonne de Gafsa composée de 2,500 fantassins, 400 sabres, 6 pièces d'artillerie, etc., était campée à Bir-Sultan dans le Dahar, pays de petites dunes où la marche est difficile ; elle y reçut l'ordre de se porter dans le Sahel tunisien à travers la chaîne de montagnes des Oughammas. Elle prit pour point de direction Ksar-ben-Khelach, point d'eau le plus rapproché de Bir-Sultan. Elle avait 69 kilomètres à franchir. Elle se mit en marche le 1er mai, à 2 heures du matin, par un beau clair de lune ; les hommes avaient pris un café chaud et marchaient en blouse et en pantalon de toile, chargés seulement de leurs fusils, de leurs cartouches et de leurs sacs allégés.

Les capotes et couvertures étaient portées par des chameaux affectés à chaque compagnie et marchant avec elles ; chaque compagnie était, en outre, suivie de 10 chameaux haut le pied, et chaque capitaine avait reçu les recommandations les plus précises de faire monter sur les chameaux tout homme qui ressentirait de la fatigue et de ne lui faire reprendre la marche que lorsque l'homme s'en sentirait de nouveau capable.

Les soldats eux-mêmes avaient été invités à ne pas se forcer et à demander à être montés dès qu'ils ressentiraient la moindre fatigue. Ces recommandations étaient justifiées par ce fait que les hommes mettent très souvent un amour-propre extrême à passer pour bons marcheurs et à montrer qu'ils sont au-dessus de toutes les fatigues.

On marcha ainsi de 2 heures du matin à 10 h. 1/2. En dehors des haltes horaires, la colonne ne s'était arrêtée qu'une demi-heure pour manger un peu de viande froide et de biscuit.

Il n'y avait pas eu jusque-là plus de dix hommes en tout sur les chameaux ; à 10 h. 30 on forma le camp, on distribua quatre litres d'eau par homme pour faire de suite un café et préparer la soupe, qui dut être mangée le soir avant le départ ; à 5 h. 1/2 du soir, après la chute de la grosse chaleur, la colonne repartit et soutint la marche jusqu'à 9 heures ; à ce moment, un certain nombre d'hommes, donnant des signes de fatigue, on s'arrêta ; il fut distribué deux litres d'eau par homme et dix par cheval. Afin de ne pas perdre un temps précieux et nécessaire pour le repos, il fut ordonné que l'on coucherait sans tentes et chacun à sa place de marche. Les hommes avaient, bien entendu, pris leurs capotes et leurs couvertures. Le lendemain à 4 heures du matin la colonne repartait et arrivait à Ksar-ben-Khelach à 9 h. 1/2; ajoutons qu'à cette époque il faisait déjà une chaleur assez forte pour augmenter sensiblement la fatigue et rendre la marche pénible.

Quelques jours après, la même colonne franchissait 49 kilomètres pour se rendre de l'Oued-bou-Hamed sur l'Oued-Tahtaouin près le Ksar-Douirat. Partie vers 4 heures du soir, elle marchait jusqu'à 8 heures, repartait à 4 heures du matin, marchait jusqu'à 10 heures pour se remettre de nouveau en marche à 3 heures du soir et arrivait vers 7 heures à l'Oued-Tahtaouin, ayant fait ses 49 kilomètres en vingt-huit heures environ.

Les longues marches, à condition d'être bien conduites, sont dans les moyens de nos soldats. La condition essentielle est de procéder avec le plus grand ordre, de telle sorte qu'il n'y ait pas une minute perdue, que tout mouvement soit dans le sens de la marche, surtout qu'il n'y ait aucune hésitation pour la place de chaque homme au camp et pour sa place dans la colonne.

Il faut avoir grand soin de ne jamais surmener le soldat, de ne jamais presser l'allure et de toujours ménager, entre deux efforts, le temps nécessaire pour le repos. A ces conditions, quand il sait que son chef est soigneux de lui éviter toute fatigue inutile, le soldat lui donnera toujours plus que ce dernier ne peut exiger et tout ce qu'il lui demandera.

Généralement en hiver on peut marcher toute la journée; dès que le mois de mai arrive, il faut s'arrêter à 11 heures ou 11 h. 1/2 au plus tard et attendre au repos que la grande chaleur soit passée; en juin, juillet, août, il faut s'arrêter plus tôt. Bien entendu les jours de sirocco il faut ne se mouvoir qu'avec beaucoup de précautions. Les chefs de colonne qui, pendant les chaleurs de l'été, font marcher les troupes après des grandes haltes et avant que la digestion soit terminée, sont sûrs d'user leurs hommes, et s'ils n'ont pas des morts immédiates par suite d'insolation, ils ont, au bout de quelques jours, des masses de traînards affaiblis pour longtemps, et qu'il faut porter, parce qu'ils sont devenus incapables de suivre.

CHAPITRE III.

POLITIQUE A SUIVRE AVEC LES IFOGHAS, LES CHAMBAS, LES TOUAREGS, ASDGERS ET HOGGARS.

Dans la relation de son voyage, Bou-Derba, parlant de Temassinine, dit : « Temassinine est une vieille maison à peu près en ruines ; cinq à six jardins, cent cinquante palmiers, quelques figuiers, enfin une kouba recouvrant le tombeau de Sidi-Moussa. L'eau est très bonne ; elle sort d'un puits artésien de douze mètres de profondeur, maçonné en pierres. L'état délabré de la Zaouïa semble indiquer chez les Touaregs peu de goût pour l'étude. Elle a été bâtie par un nommé Si-el-Fekiri, oncle de Cheikh-Othman. Une dizaine de familles habitent ce lieu, dans de mauvais gourbis de branches de palmiers, et vivent dans la plus grande misère. »

De son côté, Flatters dit : « La Zaouïa de Temassinine, construite en l'honneur de Sidi-Moussa, dont la tombe est à côté, sous la coupole d'une kouba, est entourée de cent cinquante à deux cents palmiers et gardée par un hartani (nègre sang mêlé libre, né hors du Soudan) du Touat, nommé Sliman ben Abd-Er-Rahman, qui l'habite depuis dix ans environ, vivant de son jardin et des aumônes des voyageurs, ce qui ne l'empêche pas à son tour d'être rançonné par les maraudeurs. L'eau y est abondante ; elle provient d'un puits artésien de douze mètres de profondeur. La température au 28 mars était de 28°. »

Par conséquent, il ne peut pas y avoir de doute : Temassinine est une oasis ; on y trouve des terres de culture et des eaux artésiennes. L'oasis, il est vrai, est une faible ressource, puisqu'elle ne se compose que de quelques arbres fruitiers et qu'elle nourrit à peine quelques familles…, mais ces arbres, ces jardins n'en sont pas moins la preuve qu'il y a en cet endroit possibilité de tirer quelques ressources de la culture.

On peut affirmer que si l'oasis ne s'est pas développée davantage, c'est parce que la sécurité y manquait aux populations. En état de guerre perpétuelle, pillée et rançonnée par les bandes de brigands qui parcourent constamment le pays en tous sens, toute population fixée dans ces régions est destinée à végéter misérablement et à ne jamais récolter le fruit de ses travaux : c'est ce que nous avons vu partout dans le Sud, et c'est un fait connu. Le Nefzaoua, l'Oued-Righ, Tuggurth étaient à moitié ruinés, abandonnés sur beaucoup de points, et les oasis les plus prospères et les plus riches, comme le Djerid, étaient aussi rançonnées par les tribus nomades. Partout la prospérité revient avec la paix, et la protection que nous accordons à ces pays a pour résultat immédiat l'augmentation des cultures et de la population. Dans le sud, toute région de culture et de travail dépérit sous l'influence néfaste du nomade pillard et dévastateur; elle renaît et se développe avec une merveilleuse facilité sous notre influence active et pacifique, et les populations, extrêmement laborieuses et attachées à leur sol, se montrent partout envers nous soumises et affectionnées. Il en sera de même à Temassinine.

Notre installation aura pour premier résultat d'assurer aux Ifoghas, qui en sont propriétaires, la paix, la tranquillité et le respect de leur propriété; ils trouveront de plus auprès de nous une rémunération très avantageuse de tous les services qu'ils nous rendront comme guides, comme éclaireurs; leurs enfants, élevés près de nous, nous rendront aussi plus tard des services de toutes sortes qui naturellement leur donneront le bien-être au lieu de la misère; et il n'est pas douteux que le reste de la tribu des Ifoghas ne se rapproche de Temassinine et n'abandonne la vie nomade pour se grouper autour de nous et s'enrichir par notre contact.

La première question qui se posera sera celle de la propriété des jardins; il faut naturellement la respecter.

Les terrains environnants appartiennent aussi aux Ifoghas; mais, dans ces contrées, la terre est sans valeur, et il n'est pas probable qu'ils fassent difficulté de nous laisser nous installer; en tous cas il ne sera pas très coûteux de les désintéresser, et il sera facile de passer avec eux une transaction peu onéreuse.

Le hartani de Temassinine et les Ifoghas, avec lesquels nous avons déjà eu de nombreux rapports, se sont toujours montrés désireux d'être avec nous en bonnes relations.

Ce sont eux, représentés par Cheikh Othman, qui ont conduit Bou-Derba, puis Duveyrier à Rhatt. Cheikh Othman, de son côté, est venu à Alger et même à Paris, poussé par cette idée de relations à créer avec la France. Il en a naturellement rapporté dans son pays un sentiment très accentué de notre grandeur, de notre puissance et de nos richesses, sentiment qui doit s'être propagé parmi ses proches. Ce sont, enfin, les Ifoghas qui ont conduit Flatters à Amguid, qui ont recueilli les débris de sa mission et les ont rapatriés à Ouargla.

Après ce dernier service rendu, ils ont eu à souffrir des Hoggars, qui les ont razzés pour les punir de nous avoir servis. C'est le chef des Ifoghas, Abd-el-Hakem, qui disait à ce sujet : « *Le ghe-« zou des Hoggars nous a ghazziés, nous Ifoghas, et cela à cause de « vous, parce que nous sommes allés à vous. L'ami ne devient pas « ennemi.* » Promesse faite à ce moment, parce qu'ils pensaient que nous tirerions une vengeance immédiate du massacre de nos compatriotes. Comme nous le disions dans notre premier livre : « *Nous n'avons plus d'amis ni de partisans apparents dans ce pays; mais dans le Sahara, rien ne change, comme du temps d'Abraham, les amitiés et les haines ont une ténacité et une persistance qui ont quelque chose de l'éternité.* » Les sentiments d'amitié reparaîtront chez les Ifoghas quand nous serons à Temassinine et que notre présence, en forces capables de les protéger, leur assurera toute sécurité.

La première question à résoudre, dans ces pays, est celle de l'eau. Les relations des explorateurs, comme nous l'avons vu, disent : « eau abondante, puits artésien ».

Les deux voyageurs se sont contentés de dire : « eau abondante », sans entrer dans plus de détails. Quelque abondant qu'il soit, ce puits, en somme, sert surtout à arroser une oasis susceptible d'extension, lorsque la paix et la tranquillité dont jouiront les habitants leur permettront de cultiver.

Aussi, nous ne devons pas enlever cette eau aux indigènes, à moins d'y être absolument forcés. D'un autre côté, la colonne expéditionnaire aura besoin, elle aussi, de beaucoup d'eau, d'abord pour abreuver tout son personnel, et ensuite parce qu'il est pour elle d'obligation majeure de faire pour son compte des cultures et du jardinage. Si cela ne pouvait avoir lieu, le point de Temassinine serait un point mal choisi, qui ne pourrait pas être conservé. Les deux voyageurs déjà cités ont, tous les deux, affirmé que Temassinine possédait un puits artésien ; si cela est vrai, ce qui ne doit pas être mis en doute, il s'ensuit que nous avons là un bassin artésien.

D'après les descriptions géographiques, Temassinine est au confluent de l'ancien Igharghor, de l'oued Isaouen et des Ighargharen, appuyée à un relief de Hamada (banc rocheux) qui porte le nom de Tanesrouft.

Le lit de l'Igharghar, à cet endroit, est resserré par plusieurs monticules, et c'est sur le bord d'un ravin descendant d'un de ces rochers que se trouve le puits artésien.

Du côté sud, ce sont des dunes de sable dans lesquelles se déversent l'oued Sohanet, l'oued Isaouen, les Ighargharen. Beaucoup d'autres oueds descendent des montagnes centrales, qui viennent s'étendre jusqu'à la rive droite de l'Igharghar. Il est donc plus que probable, puisque tous les voyageurs sont d'accord sur l'abondance des eaux et la végétation vigoureuse des Ighargharen, que ces dunes et le pied des hauteurs renferment réellement beaucoup d'eau.

Il y a donc lieu d'espérer que nous en trouverons en quantité suffisante pour nos travaux; aussi, dès l'arrivée, il faudra choisir des emplacements, y installer nos deux appareils de puits artésiens et pousser énergiquement les sondages. Ce seront des travaux rapidement terminés, puisque ces eaux sont à 12 mètres seulement de profondeur. Si nous réussissons, ce succès aura deux résultats : d'abord, d'assurer notre installation; ensuite, de répandre au loin le renom d'habileté du chrétien, qui fait jaillir l'eau et la répand sur le sol.

Dans un pays pareil c'est, pour notre influence, un succès qui aura un retentissement considérable et appellera les populations à nous; elles voudront venir nous visiter; ce sera un moyen d'attirer et de fixer ces populations autour du poste français.

Si ce que nous pensons est vrai, les lits de ces rivières, dont nous venons de parler, sont les directions par lesquelles les eaux vives qui descendent des montagnes élevées du Tassili et du Hoggar, s'infiltrent et se répandent dans les dunes... S'il est vrai, ce que l'on admet généralement aujourd'hui, que les dunes sont d'immenses réservoirs d'une eau que leurs sables préservent de toute évaporation, nous devons, à cet endroit, où toutes les rivières se butent et s'arrêtent contre des obstacles matériels, trouver des quantités d'eau considérables, et, par suite, nous pourrons, le long des rives du lit desséché de ces diverses rivières, multiplier les puits artésiens, et, au fur et à mesure des besoins, créer de nouveaux centres de culture et de population.

Les travaux et les ressources qui en seront la conséquence,

Philebert. **4**

prépareront l'avenir de la petite colonie; mais pour assurer le succès à ces mêmes travaux, il est nécessaire d'avoir avec les Asdgers des relations amicales et de nous en faire des amis. Dès l'arrivée, il faudra essayer d'ouvrir avec eux des négociations, et il sera nécessaire de faire porter à leurs principaux chefs, surtout à la famille d'El hadj Akhenouken, qui est la tête des Oraghen et qui possède le pouvoir depuis longtemps, des lettres dans lesquelles on leur rappellera les relations d'autrefois et le but de l'expédition nouvelle. La rédaction de ces lettres, écrites en arabe, devra être l'objet d'une attention minutieuse, afin de ne renfermer aucun de ces mots à double entente ou à sens indéterminé que les krodjas arabes savent si bien glisser dans leurs phrases, pour décrier le chrétien ou le rendre ridicule. Ces lettres devraient avoir à peu près la forme suivante :

« Après les salutations au chef et aux grands des Touaregs Asdgers, nous vous informons que nous sommes à Temassinine; nous nous sommes rapprochés de vous pour vous connaître et avoir avec vous des relations comme nous en avions eu autrefois avec nos amis le seigneur cheikh Othman et le seigneur El hadj Akhenouken, que Dieu leur soit miséricordieux! Nous n'avons dans nos cœurs qu'un désir, celui de rendre le pays prospère et d'y faire régner la paix avec vous, qui avez autrefois toujours bien accueilli nos enfants, qui sont venus vous visiter.

« Comme, dans les temps précédents, les Hoggars ont assassiné par trahison nos frères venus avec la paix, il ne faut pas vous étonner que nous soyons, cette fois, venus en force suffisante pour nous faire respecter et même craindre. Notre intention est droite, nous ne voulons faire de tort à personne, nous voulons seulement que les caravanes qui, autrefois parcouraient le pays, reprennent leurs voyages du Soudan en Algérie. Les droits de passage, qui vous enrichissaient autrefois, sont nuls aujourd'hui, parce que vos routes ne sont pas sûres et que des gens insensés pillent et assassinent les voyageurs.

« Aujourd'hui, la côte est à nous, et nous voulons que les musulmans de nos pays reprennent avec vous le commerce; nous vous offrons la paix, et nous vous invitons à venir nous trouver en miad, pour nous entretenir de ces choses. Tous les peuples savent que notre parole est sacrée et que jamais elle n'a été souillée par la trahison. Nous venons en marchands qui veulent faire des affaires, et ceux qui viendront à notre marché de Temassinine y trouveront la paix et le bien, et seront, après, libres de retourner chez eux ! »

Si des relations s'établissent avec les Touaregs, le commandant du poste ne devra jamais oublier qu'il est isolé, au milieu d'un peuple chez lequel la trahison est en honneur depuis des siècles et dans les habitudes duquel elle s'est accoutumée.

Le commandant du poste prendra comme règle absolue de conduite de ne jamais envoyer, pour quelque cause que ce soit, de petits groupes loin du centre, tout homme isolé pouvant être regardé comme un homme perdu. Les détachements, quand il sera nécessaire d'en faire, devront toujours être au moins composés de quarante hommes armés, largement pourvus de munitions, capables, en un mot, d'opposer une forte résistance. Comme les soldats romains autrefois, sitôt arrivés à destination, ils devront s'établir en un point d'où ils pourront voir venir l'ennemi d'assez loin, où ils pourront se fortifier et se garder.

Il devra être absolument interdit de laisser entrer des indigènes, même isolés, dans aucun de nos postes, et les relations forcées entre les habitants de la colonie, le commandement et les indigènes devront toujours avoir lieu en dehors de l'enceinte, en avant de la porte d'entrée et sous la garde d'un poste en armes, toujours prêt à intervenir, de manière à rendre tout assassinat impossible et aussi à donner aux indigènes l'idée qu'une surveillance stricte est toujours exercée et que toute tentative de surprise est assurée d'un échec.

Toute reconnaissance, tout voyage isolé, pour quelque prétexte que ce soit, doit être interdit au commandant en chef de l'expédition, ainsi qu'aux officiers du poste. Ils ne doivent accepter avec les indigènes aucun rendez-vous extérieur.

Enfin, pendant les rudes chaleurs de l'été et sous la température accablante du milieu de la journée, le commandant du poste et ses officiers devront redoubler de surveillance et d'activité, et assurer toutes les précautions nécessaires pour éviter toute surprise.

Dans ce but, il sera sage de fixer une heure à laquelle tout le monde rentrera dans l'intérieur du fort, dont on fermera les issues, car pendant les quelques heures du jour où la température

est surchauffée, il est difficile de maintenir les sentinelles éveil-
lées. On obtiendrait facilement un résultat efficace en disposant
quelques sonnettes, reliées avec des réseaux de fil de fer qu'il
serait impossible de franchir sans donner l'éveil.

Après avoir envisagé la question sous toutes ses faces, à ce
qu'il nous semble, après l'avoir étudiée sous toutes ses formes,
nous croyons, dans notre âme et conscience, que la réussite ne
peut être douteuse, qu'il ne sera pas plus difficile de s'installer
à Temassinine qu'à El-Goléah ; que cette occupation de Temassinine préparera et rendra facile l'installation d'Amguid, et nous
appelons de tous nos vœux le moment où l'exécution de notre
projet pourra commencer.

CHAPITRE IV.

DEUXIÈME PARTIE DE L'EXPÉDITION DE TEMASSININE A AMGUID.

La création du poste d'Amguid exige plus de monde et plus de
dépenses que celles du poste de Temassinine.

D'abord Amguid est plus éloigné d'un tiers environ. Puis,
ce point est situé en pays plus hostile, et il n'est pas probable
qu'on puisse s'y installer sans coup férir ; on devra certainement
compter sur l'inimitié de toutes les populations environnantes.
Sans doute, si pendant l'année d'occupation de Temassinine on
est parvenu à nouer avec les Asdgers des relations amicales et à
leur faire accepter notre installation parmi eux en leur faisant
comprendre les avantages matériels qu'elle leur procure, on
pourra espérer qu'ils resteront neutres et que, plus tard, leur hostilité traditionnelle envers les Hoggars pourra même nous en
faire des alliés ; mais, dans les premiers temps, la haine générale
que professent les musulmans contre les chrétiens, l'esprit d'in-
dépendance de ces tribus sauvages, poussé chez elles jusqu'à
l'hostilité la plus féroce contre tout étranger, ne nous permettent
pas d'espérer aucun aide de leur part ; estimons-nous bien heu-
reux s'ils restent neutres et si la plus grande partie des Asdgers
ne fait pas, sous prétexte de guerre à l'infidèle, cause commune
contre nous.

Ce n'est pas, d'ailleurs, un danger qui puisse nous effrayer

beaucoup ; des flèches, des lances, des sabres, quelque vigoureux que soient les bras qui les manient, sont des armes bien peu
capables de rivaliser avec nos fusils nouveaux et avec nos canons
de campagne, mais nous n'en serons pas moins obligés à beaucoup de prudence ; d'autant plus qu'à Amguid, nous ne voudrons
pas nous laisser confiner dans une redoute ; il nous faudra pouvoir rayonner et agir autour de nous, sinon nous serons sans
action sur le but que nous poursuivons : ouvrir la route du
Soudan en nous installant dans le pays des Touaregs pour nouer
avec eux des relations et prendre action et influence sur eux.

Nous proposons donc, comme conséquence de ces considéra-
tions, de fractionner en deux parties l'expédition d'Amguid :

L'une, destinée à garder la redoute et les magasins à établir
en ce point ;

L'autre, destinée à rayonner à l'entour et à pousser aussi loin
que possible des reconnaissances.

Cent hommes suffisent à la première de ces deux missions.

Pour remplir la seconde, nous croyons que le nombre de 200
est très suffisant.

Les travaux d'installation seront à peu près les mêmes que
pour le poste de Temassinine et la dépense de première mise ne
différera pas sensiblement de celle calculée en vue de cette première étape. Les différences porteront sur les quantités de vivres,
sur les quantités de ferrure nécessaires pour les toitures et, par
suite, sur les moyens de transport. Nous avons fait, dans le plus
grand détail, tous ces calculs pour l'installation à Temassinine ;
il est inutile de les recommencer pour Amguid. Il suffit de
majorer le total d'une somme proportionnelle à l'effectif de la
colonne et à la distance à parcourir, c'est-à-dire à peu près d'une
moitié en sus. Si donc l'expédition et l'organisation du poste de
Temassinine, sa subsistance, etc., pendant une année doivent
coûter 1 million environ, nous devons compter pour Amguid sur
1,500,000 francs ; mais il est certain que, si la première année
l'expédition et l'entretien du poste de Temassinine coûtent 1 million, les dépenses de ce côté pourront être, par le fait seul de
l'expédition sur Amguid, réduite de plus de moitié.

Dans une pareille question, tous les calculs ne peuvent être
qu'approximatifs ; nous croyons donc que, pour le moment, il est

inutile de s'y arrêter davantage. Mais il est nécessaire de fixer l'attention sur d'autres questions qui, pendant l'année d'occupation de Temassinine, devront être l'objet d'une étude très sérieuse.

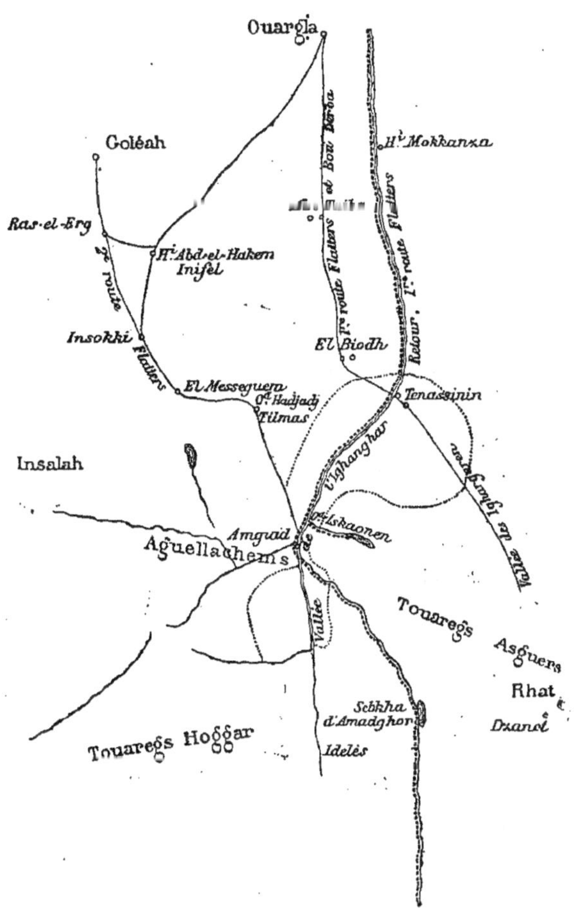

Plusieurs routes peuvent conduire à Amguid. M. le lieutenant-colonel Flatters, dans la deuxième partie de son expédition, a suivi un itinéraire qu'il nous a décrit en détail. Les points saillants de cette route sont : *H.t Inifel*, à 324 kilomètres d'Ouargla ; *H.t Insokki*, à 165 kilomètres plus loin ; *H.t Messegguem*, à 105 kilomètres plus loin ; *Amguid*, 275 kilomètres ; total , 865 kilomètres.

A part les points que nous venons d'indiquer, et qui sont à des distances considérables les uns des autres, il y a très peu d'eau sur la route, et il serait difficile d'y trouver les ressources nécessaires aux chameaux si leur nombre était un peu considérable.

Cette route a de plus un inconvénient majeur ; elle appuie fortement vers l'ouest et se trouve par conséquent plus exposée aux attaques des gens d'Insalah, du sud marocain et des Hoggars.

Si l'on s'en rapporte au croquis ci-contre, il est du reste visible que cet itinéraire passant par Inifel et Insokki allonge singulièrement le voyage. Son choix ne s'expliquerait que si l'on trouvait sur cette route des ressources plus abondantes en eaux, en pâturages, etc.

La relation de Flatters nous montre absolument le contraire. Il n'y a donc aucune raison pour se servir de cette route. Tout nous porte en revanche à utiliser l'itinéraire déjà parcouru plusieurs fois d'Ouargla à Temassinine, ou plutôt l'un des deux itinéraires presque parallèles, mais cependant différents, qui relient ces deux points.

Le premier chemin est celui que nous avons indiqué par *Aïn-Taïba* et *El-Biodh*.

La deuxième passe plus à l'est par *H' Mohkanza*.

La première route est bien connue ; elle a été parcourue et décrite en détail par Bou-Derba et par Flatters ; elle est directe ; l'eau est abondante à Aïn-Taïba et à El-Biodh, mais la distance entre ces deux points est d'environ 160 kilomètres sans eau ; ce qui est évidemment une grave difficulté. De plus, la région qui entoure Aïn-Taïba est couverte de grandes dunes et, par suite, d'un parcours extrêmement difficile pour les bêtes chargées de lourds fardeaux, parcours absolument interdit aux voitures. Il est vrai qu'une partie de cette région, qui porte le nom de *Gâssi*, est en terrain plus solide et plus horizontal ; mais pour l'atteindre par Aïn-Taïba, il faut absolument traverser une partie des grandes dunes qu'aucun travail ne peut modifier. Sur ce parcours, le passage peut être sensiblement facilité par le creusement de puits sur la limite du Gâssi où il est probable qu'on trouvera l'eau en abondance ; mais, quoi qu'on fasse, on n'aura jamais par là qu'une route de caravanes.

Le deuxième itinéraire, celui qui passe par *H^t Mokhanza* a été parcouru par Henry Duveyrier, au retour de son grand voyage chez les Touaregs du nord, puis par quelques membres de la première mission Flatters. Les renseignements recueillis dans ces voyages se résument ainsi :

« C'est une grande plaine, très resserrée, vers El-biodh, où elle n'a que 7 ou 8 kilomètres de large, et qui va en s'évasant, au fur et à mesure que l'on marche au nord. Elle atteint, dans sa plus grande largeur, peut-être 50 kilomètres, de l'est à l'ouest ; cette plaine est semée de dunes de forme allongée et dont la largeur varie suivant les endroits. Leur grande dimension est toujours dans le sens nord-sud magnétique ; elles laissent entre elles des passages plus ou moins larges, plus ou moins contournés. L'ensemble constitue probablement l'oued Igharghar qui, ici comme ailleurs, n'est pas un fleuve à sec, avec thalweg déterminé, mais une série de bas fonds et de lacs desséchés... »

Dans l'état actuel des renseignements que nous possédons sur cette route, nous ne pourrions oser nous en servir, puisqu'ils n'indiquent que le seul point d'eau de *H^t Mokhanza*, puits noté comme peu abondant et donnant de l'eau salée.

Mais cependant de très fortes présomptions permettent de penser que cette route est praticable aux voitures et qu'il est possible d'y trouver de l'eau partout.

Dans son compte rendu à la commission supérieure, Flatters disait :

« Exploration complète de la région de l'Erg, ou grandes dunes au sud d'Ouargla. Découverte d'un large passage, par lequel une voie ferrée peut franchir l'Erg en ligne droite, sur un terrain ferme et plat (fond de ballast), sans avoir à surmonter un seul instant l'obstacle des sables ; eau facile à trouver partout, en forant des puits dont le maximum de profondeur ne paraît pas devoir dépasser 15 mètres. Possibilité d'établir la voie sans aucune difficulté, jusqu'à plus de 1000 kilomètres sud d'Ouargla, par le Gâssi (terrain dur)... »

De notre côté, dans notre ouvrage de l'année dernière, nous avons soutenu cette thèse que les dunes étaient des réservoirs d'eau, et que, entre les eaux artésiennes trouvées à Temassinine à 12 mètres de profondeur, et celles d'Ouargla, qui sont à 40 mètres, nous devions retrouver, tout le long du lit de l'Ighar-ghar, ces mêmes eaux, à une profondeur proportionnelle à la distance entre les deux points extrêmes. Nous avons basé cette hypothèse sur ce fait que, depuis l'embouchure de cette rivière à Gabès jusqu'à Temassinine, son lit est jalonné de puits artésiens qui vont en diminuant de profondeur, au fur et à mesure que l'on remonte vers la source.

Tous ces faits acquis et toutes ces hypothèses exigent que nous fassions, à bref délai, une reconnaissance complète du terrain entre Ouargla et Hi Mokhanza et de Hi Mokhanza à El-Biodh, et que, sur tout ce parcours, nous exécutions des son-dages de distance en distance, car on ne peut douter des avan-tages considérables et des réductions de dépenses qu'apporterait à l'établissement et à l'entretien de nos postes, l'ouverture d'une route où des convois de voitures pourraient circuler et où un ser-vice régulier de correspondance pourrait s'organiser. C'est une étude qui s'impose et qui sera, du reste, grandement facilitée par l'occupation du poste de Temassinine, qui donnera la sécurité à toutes ces régions. Cette reconnaissance devra être exécutée natu-rellement, à partir d'Ouargla et par les soins de la garnison de cette ville, la garnison de Temassinine ayant à accomplir au delà et sur la route d'Amguid d'autres reconnaissances du même genre.

Sans aucun doute la colonne expéditionnaire destinée à la création du poste d'Amguid passera par Aïn-Taïba et El-Biodh; mais il s'agira de décider, par les reconnaissances dont nous parlons, la route à suivre au delà. 200 kilomètres environ, avons-nous dit, séparent Temassinine d'Amguid, et peut-être, d'abord, n'est-il point utile de passer par Temassinine. El-Biodh, qui est de 130 kilomètres plus rapproché d'Ouargla, est aussi près d'Amguid, et même plus, puisque, comme on le voit par le cro-quis ci-dessus, la route de Temassinine, au sud d'El-Biodh, ap-puie fortement à l'est. Il y aurait donc avantage à marcher direc-tement d'El-Biodh sur Amguid; mais là aussi plusieurs routes se présentent :

1º Descendre d'El-Biodh sur Hi Messegguem, en suivant la route parcourue par Gérard Rollfs, en 1864. C'est un grand détour à faire, pour trouver peu d'avantages, car Flatters a décrit avec soin l'itinéraire entre Messegguem et Amguid. L'eau y est très rare, et, pour la suivre, un gros convoi rencontrerait de grandes difficultés ;

2° Rejoindre cette même route plus loin, à Tilmas-el-Hamian et Tilmas-el-Mra, en descendant l'oued Hadjadj, ce serait moins long ; mais d'après Flatters, l'eau est, là aussi, en petite quantité et, pour passer, il faudrait fractionner la colonne en plusieurs convois ;

3° Marcher droit au sud d'El-Biodh, jusqu'à l'oued Igharghar, sur un point nommé Gar-Beïda, que Flatters indique dans son itinéraire de retour du lac Mengkhoukh comme campement dans le Reg (gommiers, eau). De ce point, marcher vers l'ouest, en suivant le lit de l'Igharghar, au pied du mont Isaouon ;

4° Aller jusqu'à Temassinine, et de là gagner Amguid par le Tahohait.

Ce sont là des questions qu'on ne peut résoudre dès aujourd'hui et qu'il faudra étudier avec soin, quand on sera établi à Temassinine. Dès qu'on aura décidé la route à suivre avec connaissance de cause, il faudra la jalonner, aussi loin que possible, de puits creusés à l'aide du matériel artésien. Il est certain que le long de l'Igharghar on trouvera partout l'eau à très peu de profondeur et que les travaux de sondage seront extrêmement faciles. Mais il faudra soigneusement éviter d'installer ces travaux dans le lit lui-même, et rechercher sur les rives des points d'une défense facile et à l'abri des crues possibles de la rivière qui, survenant subitement, anéantiraient les travaux accomplis, aussi bien que des surprises que l'ennemi ne manquerait pas de tenter contre les travailleurs mal organisés pour la défense.

Nous voici maintenant arrivé au terme de notre travail, avec le regret de ne pas pouvoir le faire plus complet et de laisser encore dans l'ombre bien des questions insuffisamment éclairées. Nous espérons cependant avoir prouvé à tout le monde que la réussite de notre projet est possible, et qu'il n'y a qu'à vouloir. Aussi faisons-nous des vœux ardents pour que notre pays se décide enfin à aller de l'avant dans la voie que nous lui indiquons.

Il est grand temps, si la France ne veut pas voir les nations étrangères s'emparer bientôt de ces régions du Soudan, d'où elles jetteront à chaque instant sur l'Algérie le trouble, la haine et l'insurrection, et si elle ne veut pas se priver à tout jamais des inappréciables richesses que lui offre l'intérieur de l'Afrique. Il est grand temps, car déjà le bruit court que les Anglais veulent s'annexer tout le Soudan central. Dieu veuille que même il ne soit pas trop tard !

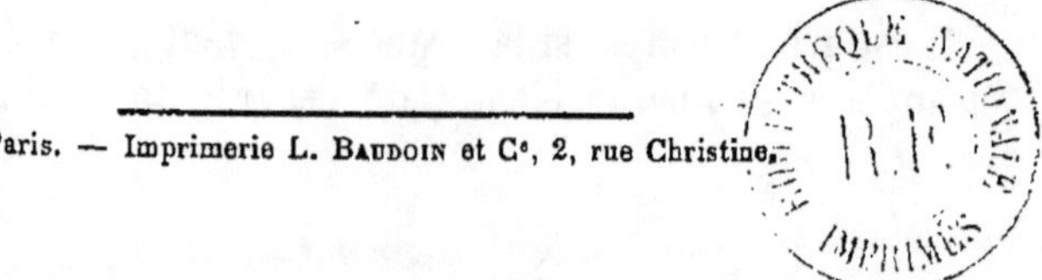

Paris. — Imprimerie L. Baudoin et Ce, 2, rue Christine.

9 782011 768971